HERTA MÜLLER

MINHA PÁTRIA ERA UM CAROÇO DE MAÇÃ

HERTA MÜLLER

MINHA PÁTRIA ERA UM CAROÇO DE MAÇÃ

UMA CONVERSA COM
ANGELIKA KLAMMER

TRADUÇÃO
SILVIA BITTENCOURT

Copyright © 2014 by Carl Hanser Verlag München
Copyright da tradução © 2019 by Editora Globo s.a.

Todos os direitos reservados. Nenhuma parte desta edição pode ser utilizada ou reproduzida – em qualquer meio ou forma, seja mecânico ou eletrônico, fotocópia, gravação etc. – nem apropriada ou estocada em sistema de banco de dados sem a expressa autorização da editora.

Texto fixado conforme as regras do Acordo Ortográfico da Língua Portuguesa (Decreto Legislativo nº 54, de 1995).

Editores responsáveis
Juliana de A. Rodrigues
Erika Nogueira Vieira
Lucas de Sena Lima
Editora assistente **Luisa Tieppo**
Assistente editorial **Lara Berruezo**
Capa **Bloco Gráfico**
Ilustração da capa **Felipe Stefani**
Diagramação **Diego Lima**
Revisão **Tomoe Moroizumi**

Título original: *Mein Vaterland war ein Apfelkern: Ein Gespräch*

CIP-BRASIL. CATALOGAÇÃO NA PUBLICAÇÃO
SINDICATO NACIONAL DOS EDITORES DE LIVROS, RJ

M923m

Müller, Herta, 1953-
Minha pátria era um caroço de maçã : uma conversa / Herta Müller ; tradução Silvia Bittencourt. – 1. ed. – Rio de Janeiro : Biblioteca Azul, 2019.
216 p. ; 21 cm.

Tradução de: Mein Vaterland war ein Apfelkern: Ein Gespräch
ISBN 978-85-250-5997-0

1. Müller, Herta, 1953 – . 2. Escritoras romenas – Biografia. I. Bittencourt, Silvia. II. Título.

17-42041	CDD: 928.59
	CDU: 929:821.133.1(498)

1ª edição, 2019

Direitos exclusivos de edição em língua portuguesa, para o Brasil, adquiridos por Editora Globo s.a.
R. Marquês de Pombal, 25
Rio de Janeiro — RJ — 22.230-240 — Brasil
www.globolivros.com.br

Corujas no telhado

"A paisagem da infância", segundo seus ensaios, "deixa marcas para o olhar da paisagem de todos os anos seguintes. A paisagem da infância socializa sem aviso prévio. Ela se esgueira para dentro." Na sua infância, os milheirais circundavam todo o mundo.

Eram aqueles imensos milheirais socialistas. Quando estávamos bem no meio do campo, entre as densas hastes de milho, o campo era uma floresta. Ia além de nossa cabeça, não enxergávamos por cima. Mas faltavam as copas, então não havia sombra e o sol ardia o dia inteiro sobre a cabeça, durante todo o verão. Depois, no fim do outono, havia muitos campos esquecidos. Eles ficavam lá, secos e desgrenhados, sem terem sido colhidos. Nós os víamos de longe. Quando a neve chegava, eles se estendiam sobre a planície. E assim, vistos de longe e de fora, eram como rebanhos famintos, rodando o mundo verticalmente. Sim, verticalmente.

Nesta paisagem sobredimensionada, a criança sente-se perdida, percebendo sua primeira grande solidão.

E assim permaneceu. Acho que existem dois tipos de pessoa e eles se diferem no modo de sentir a paisagem. Alguns gostam de subir uma montanha, de estar com os pés bem embaixo das nuvens e dominar o vale com a cabeça, com o olhar. Lá em cima, eles respiram livremente, ofegam de forma profunda e o peito se alarga. Já os outros, quando estão lá em cima e olham para baixo, sentem-se totalmente perdidos. Pertenço aos perdidos, fico com a garganta apertada. Quanto mais ampla a vista, mais me sinto acanhada e aflita. É como se fosse bater as botas e minha existência, totalmente questionada. Acho que isso acontece por causa da infinidade na qual me coloco imediatamente e perante a qual não sou nada. Olho para uma paisagem longínqua e sinto-me num grande beco sem saída.

Antigamente vivi a natureza como um martírio, ela é impiedosa, congela, queima e você queima ou congela junto. Os verões chamuscantes, quentes, a sede na garganta, o pó da terra, você não consegue se defender. O corpo não é feito para isso, ele dói e se cansa. Não somos uma pedra ou uma árvore. O material que nos compõe não resiste à natureza, ele é ridículo, efêmero. Todo trabalho no campo originava uma tristeza que eu não queria ter, pois ela custava ainda mais força. Mas ela vinha, era contra mim e não me deixava em paz. Ali estava uma tristeza tão infundada, tão estúpida, como se ela estivesse sempre lá no campo ou no vale esperando por mim. Por quanto tempo este corpo lhe pertencerá, por quanto tempo você permanecerá viva? Você pode ficar o tempo que for nessa paisagem e você ainda não lhe pertencerá. Achava a natureza hostil. Também no inverno. Mais tarde, então, soube que fenômenos naturais eram empregados para maltratar pessoas, nas prisões, nos campos forçados. O círculo polar e os desertos, o gelo e o calor podem matar e ser usados como instrumentos de tortura para destruir as pessoas. Sempre lembrei disso e, também mais tarde, na cidade, não conseguia entender que outros se sentissem superiores, que se pusessem sobre uma montanha, olhassem com os olhos e os dedos dos pés para o vale e fossem felizes. Como eles conseguem?

A natureza parece hostil, pois a pessoa está à mercê dela e precisa impor-se nela e a ela. Na sua obra, a natureza nunca se apresenta como um lugar para brincadeira ou contemplação, mas apenas para um dos trabalhos mais duros.

Para os habitantes do vilarejo, a paisagem não era feia nem bonita, mas um local de trabalho, uma área aproveitável. Os camponeses precisam do campo para sobreviver e o tempo decide se a colheita dará em alguma coisa ou não. E o boicote permanente da natureza, às vezes ela alaga, às vezes ela seca tudo, às vezes vem o granizo ou uma tempestade que despedaça tudo. Jamais gostei do campo. Mas, apesar disso, tinha uma relação muito estreita com as plantas. Frequentemente estava sozinha no campo e observar as plantas ajudou. Precisava ficar no vale, o dia inteiro, e o dia era infinitamente longo. O que eu podia fazer? Ocupei-me então com as plantas. Foi a consequência. Não estava consciente disso, mas procurava um apoio.

Experimentei todas as plantas, todo dia comia de tudo. Tudo tinha um gosto forte, azedo, picante ou amargo. Pelo visto nunca me deparei com algo venenoso. Talvez a longa solidão diária tenha me dado um instinto como o dos bichos. Por que nunca comi, por exemplo, uma beladona ou lírios-do-vale? O vale confinava com a borda da floresta e lá havia muitos lírios-do-vale.

A senhora descreve isso como um desejo de se assemelhar às plantas ou mesmo de se transformar nelas, já que as plantas se dão bem nessa paisagem, mas a criança não.

Sempre pensei que as plantas do vale estivessem em casa, estivessem satisfeitas com elas mesmas e com o mundo, enquanto eu precisava andar tateando por aí, sem saber o que fazer comigo. E achava também que, se comesse bastante plantas, eu pertenceria a elas, pois o corpo, com o qual eu andava de lá para cá, se adaptaria a elas. Esperava que as plantas comidas mudassem tanto minha pele, minha carne, que eu acabaria combinando mais com o vale. Era, sim, uma tentativa de me aproximar das plantas, de me transformar. Eu não teria lembrado desta palavra, *transformar*, tampouco a teria tido. Era só o desejo de encontrar um lugar para mim, poupar-me, lidar com o tempo a fim de suportá-lo. Você vê toda a sua limitação, para a qual você também não tem uma palavra, mas não nos ocupamos apenas com aquilo que podemos definir. Não precisava de palavras, pelo menos de nenhum conceito tão abstrato, para aguentar alguma coisa. E mesmo que tivesse precisado deles, foi bom não saber disso. Há sentimentos, sobretudo em crianças, que são tão concretos como o próprio corpo – não mais e não menos. Eles estão simplesmente lá e ponto. Isso é mais do que o suficiente. No meu caso, o sentimento foi o de estranhar, estou sempre sozinha com essas plantas e ainda não lhes pertenço. Continuo um ser estranho e sou, para elas, difícil de suportar, elas estarão fartas de mim e um dia, logo provavelmente, a terra me comerá.

O campo nutre as pessoas para que ele, mais tarde, possa devorá-las. Este ciclo é pensado de forma agressiva, e não suave ou natural, e o homem é ali nada mais do que um "candidato ao panóptico da morte".

As pessoas plantam alguma coisa, que cresce, daí elas a colhem e comem. Achava que em nossa vida comíamos a farinha de talvez trinta sacos de grãos de trigo, ou cinquenta ou cem, e que o trigo nos sustentava até a terra nos devorar. A morte sempre significou para mim que a terra nos engoliria. E pensava que a Terra era tão gorda porque tanta gente e tantos bichos já haviam morrido.

Sempre procurei uma medida certa para tudo. Se eu como a quantidade de trevo equivalente aos quilos que peso, pensava, então o trevo gosta de mim. Mas não sabia se o fato de ele gostar de mim era bom ou não. Ou se como uma área inteira de tanchagem, do tamanho de uma cama, também posso dormir um pouco, enquanto as vacas se deitam preguiçosamente no pasto. Também achava que eram contadas todas as nossas respirações. Que elas eram enfiadas em um barbante, como bolinhas de vidro, formando um colar. E que morríamos, quando o colar de respirações adquiria o comprimento entre nossa boca e o cemitério. Como a respiração é invisível, ninguém conhece o comprimento de seu colar. Por isso ninguém sabe quando a própria pessoa ou as outras vão morrer. Da mesma forma, eu pensava que os cabelos cortados de um homem enchiam completamente um saco e que, quando este ficava tão pesado quanto o homem, ele morria. Tratava-se sempre da questão sobre quanto tempo se vivia. Queria dar ao tempo uma medida, para que ele se tornasse um objeto que se pudesse ver e manejar. Porém, como nunca conheci a medida certa, empurrava o tempo entediante ou corrido não só como um enigma – todas essas contas absurdas e em vão davam ainda mais medo.

Como queria me parecer com as plantas, naturalmente eu falava alto com elas. E passava horas colocando flores diferentes uma ao lado da outra, comparando seus rostos, unindo e acasalando-as.

Sua tarefa no vale era guardar as vacas. Elas assumem, como animais, uma posição intermediária: não pertencem tão estreitamente à paisagem, como as plantas, não estão enraizadas, mas estão mais próximas dela do que o homem.

Eu tinha certeza de que só de dia as plantas eram imóveis e à noite, quando todos dormiam, elas andavam de lá para cá como os bichos, visitando-se ou apenas conhecendo outros lugares. Que suas raízes ficavam na terra, esperando, e que elas voltavam pela manhã, ao clarear, para assim crescer todo dia no mesmo local.

Naturalmente, de forma irrefletida ou interessada, também observava todo dia essas vacas, que se ocupavam com elas mesmas. Assim que chegavam ao pasto, curvavam-se e comiam, até

Minha pátria era um caroço de maçã   9

serem levadas à tarde para casa. Elas não precisavam de nada nem olhavam para o céu. Também mal olhavam para mim, graças a Deus. Balançavam a cabeça, pois as moscas rastejavam importunamente nos seus olhos. A única coisa bonita nelas eram os olhos grandes. Às vezes sentia pena por causa dos olhos, que brilhavam como a água numa fonte profunda e me refletiam, como se eu crescesse do fundo da terra. Então não sabia se sentia pena dos olhos tristes ou de mim mesma. Mas também havia dias em que as vacas corriam dando voltas, em vez de comer. E eu corria atrás delas, pois precisava ter cuidado para que não fossem parar nos campos do Estado e lá causassem prejuízos, nos obrigando a pagar uma multa. Isso era insuportável, deixava-me exausta e eu odiava aquelas vacas.

Quantas vacas a senhora tinha que guardar?

Na maior parte do tempo tínhamos três vacas e, por alguns meses, chegavam mais dois ou três bezerros. Quando os bezerros alcançavam o peso necessário, precisávamos entregá-los ao Estado. Então eram três vacas, mas cada vaca é uma coisa enorme e não tão bondosa quanto parece, e sim selvagem e robusta como um trator, além de muito teimosa e colérica. Nesses dias agitados, eu ficava desesperada, aprendendo a chorar enquanto corria e a correr enquanto chorava.

Os dias eram ordenados apenas através dos trens que passavam. Lá dentro estavam as citadinas com seus lindos vestidos de verão, a criança aproxima-se ao máximo do trilho, vê adereços brilhando, uma outra vida despontando, e acena.

Sim, o vale era silencioso, então ouvíamos de longe os trens e conseguíamos chegar a tempo até os trilhos. O trem era como uma visita. Como se convidados chegassem ao vale, até mesmo as pessoas que nunca tinham vindo ao vilarejo. Quando o trem corria ao longe, eu tirava rápido meu avental para acenar com ele. Já pela manhã eu pensava na hora de me vestir se usaria o avental azul, já que no dia anterior eu vestira o florido ou o manchado. Isso porque queria acenar com um outro avental, caso estivessem no trem as mesmas pessoas do dia anterior. Infelizmente, o trem era muito curto, com três ou quatro vagões, não mais. Depois de terem passado, sentia-me abandonada, como se o ar tivesse batido sua enorme porta branca na minha cara. Afastava-me vagarosamente dos trilhos e, andando, punha de novo meu avental. No trem estavam citadinos ou aldeões bem-vestidos, que voltavam da cidade. Quando aldeões iam à cidade, eles punham suas roupas de domingo para não parecer feios. Fui algumas vezes à cidade com minha mãe, para o médico ou para comprar sapatos. A gente da cidade não ficava suja, não estava o dia todo no sol ou no pó dos campos de milho, mas nas sombras das grandes casas e nas calçadas. Já de manhã cedo os homens usavam camisa de manga curta e as mulheres, sapatos de salto e bolsas de verniz. Também nos trens em movimento eu as via, de pé no corredor ao lado da janela aberta, estavam maquiadas e traziam broches, colares e unhas vermelhas. E eu acenava com meu velho avental vermelho ou azul, eu na minha pobreza, na minha solidão miserável. Se eu tivesse nascido em outro lugar ou se tivesse tido outros pais, pensava, seria uma outra criança? Ou seria a mesma criança, independentemente de quem eram meus pais e de onde nascera? Ou sou a mesma criança, que fica enraizada na minha pele, independentemente do que quero ser ou de quantas plantas como? Ficam todos sempre enraizados em si mesmos? E paralelamente a isso sempre sentia que era proibido o que eu pensava. Ninguém podia saber que eu andava às voltas com esse tipo de coisa. Ninguém pode me ver comendo e acasalando flores. Seria a pior coisa se alguém me apanhasse, pois pensariam que eu não era normal.

Minha pátria era um caroço de maçã

Mas não a apanharam. Foi o laconismo de sua família, o trabalho mudo ou o sentar-se lado a lado que a protegeu?

Não, ninguém me apanhou. Não viam absolutamente nada em mim. Quando ficava escuro lá fora, todos vinham à mesa para a ceia. Comíamos e ninguém perguntava ao outro como havia sido o dia para ele. Cada um carregava seus segredos. Eu tinha certeza de que cada um estava triste da cabeça aos pés, de que cada um trazia garras no coração e se defendia, mas só por dentro, para que não enxergassem. Achava que essa tristeza do vilarejo dominava a todos, ela estava distribuída uniformemente sobre tudo. Era impossível escapar dela.

Exatamente porque é impossível escapar dela, a senhora escreve que é preciso "suportar o luto e aprender a classificá-lo". E logo em seguida: "A infância é, provavelmente, a parte mais confusa da vida. Detalhes... são usados para construir e ao mesmo tempo destruir tantas coisas como nunca mais tarde".

Com muita frequência eu estava triste quando criança, pois estava demasiadamente sozinha ou precisava trabalhar muito também em casa, limpando janelas. Eram talvez cem vidraças, janelas duplas de três folhas, até estarem prontas, o dia já tinha acabado. Tudo bem, você pode desleixar um pouco ou se apressar. Mas isso engolia todo o tempo. E assim era a educação – eu devia aprender a limpar janelas para toda a vida. Desde então nunca mais limpei vidraças. Conheço a obediência à exaustão, você é preparado para algo que deve ser considerado imprescindível na vida. Na cabeça, porém, o que acontece é exatamente o contrário e você se diz: nunca mais limpo janelas. Você se liberta e pelo menos essa liberdade invertida funciona facilmente.

A vida da mãe realiza-se completamente nessas atividades, ela limpa, varre e tem um monte de vassouras: uma vassoura para a cozinha, uma vassoura para o estábulo das vacas, uma vassoura para o estábulo dos porcos e uma para o galinheiro, uma vassoura para o depósito de madeira, uma vassoura para o defumadouro e duas vassouras para a rua, uma para o asfalto e uma para a grama. Isso é naturalmente um exagero, mas empreguei como meio literário a repetição da palavra *vassoura* para retratar o delírio da limpeza. Talvez o vício da limpeza não tenha se manifestado tão fortemente em todas as casas, mas para minha mãe era o verdadeiro objetivo de vida. Se ela não estava no campo, estava limpando a casa. Ela é do tipo de pessoa que não consegue deixar a cabeça trabalhar sozinha, mas precisa sempre do corpo. Limpar era um mero costume, que não tinha nada a ver com a sujeira. Assim como evito de qualquer maneira trabalhar fisicamente, essas pessoas tinham uma necessidade interior de esforçar o corpo. Elas eram obstinadas por trabalho e o corpo tinha que se esgotar completamente. No caso da minha mãe, talvez isso tenha a ver com os cinco anos de trabalho forçado, a faina, para ter um apoio, para não sentir a si próprio. Para não nos sentirmos, precisamos fazer algo com a cabeça. Nós não somos então diferentes, mas só fazemos algo diferente contra isso. No caso da minha mãe, o trabalho era algo mecânico, para ela natural. Ela não se cansava e, ao trabalhar, estava não só totalmente ausente como totalmente concentrada. Como estava ausente de si mesma, ela se tornou aquilo que fazia com as mãos. Ela desaparecia como pessoa e se tornava motora, trajando neste processo vestido ou avental. Assim entendo hoje que o cansaço nunca a reprimiu, que sua dedicação não tinha limites. Suas mãos trabalhavam sempre, menos no sono. Não faço ideia do que pensava durante o trabalho. Será que aprendera no campo de trabalho a não pensar em nada? Quem sabe se não é uma sorte esquecer a cabeça e se colocar, de forma altruísta, à disposição do trabalho mais pesado.

Minha pátria era um caroço de maçã   13

O silêncio na mesa de jantar, a absorção no trabalho até a pessoa se tornar uma mera ocorrência – assim surge um clima, no qual afinidade se produz primariamente a partir de panelas e costumes comuns. Esse é o olhar de um adulto. Como criança, era para mim um pedaço de normalidade, se me senti bem ali, isso é outra coisa. As pessoas, cujos corpos funcionam o dia todo, não falam sobre si. Só se fala sobre os movimentos do trabalho. No entanto, quando ninguém fala sobre si, como existe então afinidade? Talvez esse seja apenas um fato tão forte que não precisamos mais de nenhum sentimento. Ou então o sentimento está lá, mas não separado do fato. Talvez o fato da afinidade fosse tão forte que não percebíamos o sentimento. Era normal, para todos, que pertencíamos ao mesmo grupo e isso não era expresso por palavras ou gestos. Há algo de claro e válido quando nos sentamos junto à mesa, usamos a mesma porta, o mesmo talher e a mesma panela, quando as roupas estão penduradas lado a lado no varal, daí sentimos a afinidade, e foram coisas exteriores que garantiram isso. Não sei se os outros se sentiam sós, se eles alguma vez desejaram uma proximidade maior. Acho que não e na minha tristeza daqueles tempos ninguém devia mexer. No meu caso, só comecei a falar de mim mesma mais tarde, na cidade.

Quando registramos a infância por escrito, ela é pior do que foi. Na literatura, na perspectiva de criança, há um truque literário. Há muito de real lá dentro, mas tudo são palavras colocadas uma diante da outra, uma atrás da outra, uma depois da outra – no que foi vivido, porém, era confuso, simultâneo, empilhado, uma coisa sobre a outra.

Quando criança, desejava não ter que trabalhar tanto, não ter que ir sempre para o vale, poder brincar mais, talvez estar mais com outras crianças, mas não eram desejos nítidos, urgentes. Era algo subconsciente. Este preto no branco das frases, que traz as palavras consigo, é uma outra forma de fantasia além dos pensamentos da infância. É um mundo de palavras reproduzido de forma artificial, mais precisamente trinta anos depois.

Isso também vale para o fato de a criança não ter, em Depressões, nenhum aliado, nenhum amigo, nenhuma amiga na escola, nenhuma pessoa em quem confiar? Em todos os outros livros sempre há alguém com quem a narradora em primeira pessoa, tanto na alegria como na tristeza, compartilha suas experiências.

Talvez eu tenha bloqueado os aliados, pois sabia que o que tinha na cabeça era proibido, pois não me achava capaz de ser normal. Sabia que não era normal pensar que as plantas andavam à noite, que a vida enfiava nossas respirações em um colar e o media, ou que a terra nos engolia. Era surreal. Mas tão surreal quanto isso é a religião, que também apareceu: Deus está em toda parte, ele vê tudo. Os mortos vão para o céu. Eu os procurava na forma de nuvens e os encontrava lá também, os vizinhos mortos, os animais mortos. Sabia que teria problemas com Deus. Se ele vê tudo, ele também sabe o que tenho na cabeça. Tudo bem, no momento ele ainda não faz nada, mas algum dia ele me castigará.

O problema central era que tudo que eu fazia e pensava não estava dentro dos limites do permitido – então como contar para alguém? Partia do princípio de que todos sentiam o mesmo que eu e estavam atulhados de segredos, da tristeza do vilarejo, da qual não tinham culpa alguma, pois o vilarejo, com todas as suas coisas, produzia a tristeza na cabeça das pessoas. Todos tinham suas garras no coração, mas guardavam tudo para si. Era assim que tinha que ser, cada um precisava guardar tudo para si.

Raramente houve deslizes. Quando disse para a minha avó, no caminho de casa depois da missa, que o coração da santa Maria era uma melancia cortada ao meio, ela respondeu: "Pode até ser, mas você não pode falar isso para ninguém". Assim a conversava estava encerrada. No caso de tais deslizes, minha avó também

Minha pátria era um caroço de maçã   15

disse às vezes: "Não leve seu pensamento para onde é proibido". PARA ONDE, ela disse, como se a pessoa fosse com o pensamento para um lugar concreto, para uma rua longa demais ou um salão desconhecido.

Ela falou do pensamento como se ele tivesse pés. Ela era envergonhada, monossilábica e falava ainda menos do que todos os outros, não apenas comigo. E quando dizia alguma coisa, era curto e superficial, e o tom bem seco. Mas o dito esvoaçava em mim. Revolvia e seguia-me por muito tempo. E eu sempre lembrava-me dele. Hoje sei que tais frases eram mais próximas do silêncio do que da fala, que talvez não tivessem sido pronunciadas, mas apenas pensadas em voz alta. O comprimento da frase encurtava-se permanentemente no momento da fala. Esse falar sem querer marca a pessoa de maneira tão codificada, como ele é, sem querer, literalmente. Acho que são aforismos inocentes, que não precisam de nada rebuscado, nem deles mesmos.

Deus aparece à menina como instância julgadora e punitiva, enquanto Maria aparece como a rainha celeste, radiante, ela a visita sempre, traz-lhe pequenos presentes, como bombons, um fósforo, um grampo de cabelo.

Ela era tão bela, uma boneca de gesso imensa, com um vestido azul-claro e o coração pintado do lado de fora. Para mim ela não era uma escultura, mas sim a Maria verdadeira, aquela vinda do céu. Nunca me perguntei por que ela estava na igreja e não lá em cima no céu. Era normal o fato de ela se mostrar, de estar lá e eu estar com ela. Seu longo vestido azul-celeste – quem tinha algo assim no vilarejo? E o fato de eu presenteá-la com coisas variadas ninguém podia saber, pois também isso não era permitido. Sim, é complicado, um mundo complicado. Eu tinha muitos problemas para levar tudo de lá para cá sem complicações. Pode ser que eu quisesse lisonjeá-la, para que ela dissesse ao Senhor que não me castigasse tão rigidamente. Quando confessávamos, precisávamos dizer a seguinte frase: "Vou melhorar seriamente e evitar a oportunidade de pecar". Como se eu tivesse procurado o pecado e não ele a mim. Após cada confissão, sabia que nunca conseguiria cumprir essa promessa, que aquilo era uma mentira. Assim, toda confissão terminava com uma nova e grande mentira. E isso não ficava escondido do Senhor.

Na religião, por um lado, permanecem o medo, a vigilância e o controle – na casa, por exemplo, estava pendurada a chave do céu, que também via tudo –; por outro, ela fornece material para imagens. Deus com sua longa barba branca, sentado sobre as árvores, e os mortos sendo levados na forma de nuvens sobre o céu, como recrutas no serviço militar.

A religião nunca foi um consolo, ela sempre ameaçou e espalhou culpa.

Em primeiro lugar, as crianças pensam de forma surreal, em segundo, de modo bem concreto, mas o surreal é concreto. Eu só aplicava o que os adultos me diziam: Deus está por toda parte. E também: todos os mortos estão no céu. Então os procurei e encontrei rostos nas nuvens, que também pareciam alguém que conhecia. Quando as nuvens eram levadas pelo vento, ficava claro para mim que era Deus levando os mortos por aí, como no exército, ele sabe o que os outros aprontaram e quem sabe como ele um dia me levará. Por enquanto ele ainda me observa, mas algo já está se acumulando.

Um medo, sobretudo abstrato, também está fortemente relacionado à noite, ele move-se para bem perto das casas, encosta-se nas cercas e tudo fica muito escuro e mortalmente silencioso.

A escuridão é pavorosa, pois ela cerca a pessoa e a afoga, o ambiente desaparece, a pessoa nem se enxerga. A noite é um tempo incerto. No sono, a pessoa é tirada por ela mesmo. Mas ela tem sorte, pois, no sono, ela não percebe a incerteza da noite. Quando acorda, a noite acabou e a pessoa se encontra de novo, sente-se nova depois de dormir. Quando não acorda mais, é porque está morta. Sempre tive medo do escuro, o ar era uma tinta ou uma lã negra, uma lama grossa ou uma enorme pele de animal. A escuridão nos mostra como a morte será mais tarde. A morte estava sempre no vilarejo, ela era a outra parte, a parte posterior da vida. E ela tinha, como a vida, seus caminhos, seus planos e objetivos. Ela conhecia todos nós e tinha um propósito diferente para cada pessoa no vilarejo. O medo noturno também tinha muito a ver com vidros. Do vidro negro tudo tornava-se frágil. As árvores da noite, o vento nas calhas, a chuva, as estrelas frias e polidas e a lua de vidro fosco. E eu piscava tanto tempo com os olhos na escuridão, até as estrelas balançarem, assim como os contornos das construções e as cercas. Estava convencida de que os objetos, como as plantas, andavam de noite de lá para cá e só ao clarear voltavam para os seus lugares, sempre no último momento, pouco antes de serem apanhados. Acendia rapidamente a luz na varanda para ainda surpreender a mesa e as cadeiras no seu último movimento. Mas nunca conseguia, sempre chegava atrasada por um triz. Os móveis eram espertos, sobretudo os espelhos, que conheciam o interior das pessoas. Eles olhavam dentro da gente. Diziam que no espelho estava o diabo. Quando alguém morria, precisavam cobrir todos os espelhos na casa, para que não levassem a alma do morto. À noite, também tinha medo do homem grande que morava no fim do vilarejo. Diziam que ele não precisava trabalhar e que recebia todo mês dinheiro da prefeitura, pois vendera seu esqueleto para o museu. A palavra *esqueleto* era arrepiante e não a conhecia antes de ouvir sobre este homem. Através da palavra *esqueleto*, o homem grande assemelhava-se à estrutura de madeira das árvores e às escadas altas. Ele era mais parecido com a madeira do que conosco, seres humanos, e como madeira não precisava dormir, então de noite ele andava por aí, como madeira.

Cobrir o espelho para que o diabo não roube a alma dos mortos pertence àquele tipo de superstição que a senhora chama de poética. Também havia a superstição com as corujas – a de que elas procuram um telhado determinado e lá começam a gritar quando morre alguém na casa. Havia muitos telhados e muitas corujas. Ficávamos à escuta para saber se o grito era longe ou muito perto. A superstição do diabo no espelho ou das corujas no telhado é impressionante. Ela tem algo de mágico, na verdade é poesia, a poesia dos que não escrevem. São associações que se excedem e são inquietantemente belas – do ponto de vista atual, tanto linguística como metaforicamente. Quando se pratica a superstição, porém, ela não tem mais nada de poética, pois é uma realidade como todas as outras. Quando a porta chia, preciso lubrificar os parafusos, quando alguém morre, preciso cobrir o espelho e, assim, a alma não partirá com o diabo, mas chegará ao céu. Para ambos os casos existe um remédio que é a ação prática. Mas entre os dois há uma grande diferença: a porta não chia mais, se for lubrificada; se o espelho for coberto, no entanto, o medo do diabo não vai embora. Fazemos o que a superstição manda, mas não sabemos se o fazemos a tempo ou por um tempo suficientemente longo – não podemos lidar com superstições como um parafuso. Fazemos o que elas dizem mas permanece uma incerteza, pois esta vem de sua dimensão poética, que não pode ser controlada.

Medo, superstições sombrias, solidão, tudo isso marca o mundo do vilarejo. Manifestações de afetos, por outro lado, ou de carinho aparecem – se aparecem – apenas de forma encoberta, é preciso descobri-las, por exemplo, na questão: "Você pegou um lenço?".

Para mim, a pergunta sobre o lenço mostra que minha mãe se preocupava um pouco comigo, pelo menos com o meu aspecto externo. Na condição de criança vinda de uma família decente, era preciso ter, de qualquer modo, um lenço passado para limpar o nariz, chorar, limpar a mão, fazer ligadura, fazer uma alça-para-carregar-coisas, um porta-moeda ou uma cobertura para a cabeça contra o sol ou a chuva. Também sempre encontrei lenços perdidos, assim como eu mesma perdi alguns lenços. Os lenços mais preciosos eram exemplares com bordados feitos em casa, monogramas ou bicos de crochê. Lenços pertencem às coisas mais mutáveis. Um dia, quando uma pessoa caiu morta na rua, na cidade, um transeunte cobriu com seu jornal o rosto do falecido. Um outro transeunte tirou o jornal, amassou-o, enfiou-o na sua pasta sem dizer uma palavra e cobriu o rosto do morto com seu lenço. O homem do jornal disse, então: "Pois é, não tinha um lenço comigo". Como todo dia, uma foto de Ceausescu cobria metade da página do jornal. Não acho, no entanto, que esse tenha sido o motivo para substituir o jornal pelo lenço, pelo menos não o único. Em cima do rosto do morto, mesmo sem a foto do ditador, o jornal não serviria como o primeiro lenço mortuário ambulante. O jornal tornou a morte súbita no caminho de um parque ainda mais terrível do que já era. O lenço, porém, mudou o quadro, ele acomodou-se ali e passou a proteger, tornando-se não só um gesto prático, mas um afeto prático, um gesto mudo de solidariedade. Agitada por dentro e paralisada por fora, como é normal, acabei esquecendo de continuar a andar. Ficamos como que colados no chão, com curiosidade e nojo, por muito mais tempo do que queríamos. Já os dois homens tinham ido embora havia muito tempo. Fiquei sentimental, imaginando que talvez a solidariedade nas pessoas ainda crescesse, apesar de toda rudeza daquele socialismo estragado, que talvez a compaixão aparecesse tão repentinamente como a falsidade e a denunciação. Então chorei, se bem que o morto não era o motivo, mas apenas o ensejo. Frente a esta morte pública sobre o asfalto, chorei pelo todo em si, que me ocorreu de forma difusa, como algo repugnantemente hipócrita, a ameaça permanente e o medo feroz nesse Estado – e chorei sobretudo por mim mesma.

Quando olho para a minha infância, todos os sentimentos eram como o de pertencer ao grupo, ou seja, os sentimentos estavam disponíveis só de forma invisível. Não é possível mostrar sentimentos onde não se fala nenhuma palavra sobre si mesmo. Acho que me assustaria se minha mãe me acariciasse de repente. Isso nem seria percebido por mim como um carinho, eu nem estaria preparada, para conseguir interpretar como carinho, nem teria aguentado isso nesse momento inesperado. Acho que é possível se assustar tanto, se não até mais, com um ato de carinho inesperado quanto com um ato de violência aguardado. Ao apanharmos regularmente quando crianças, perdemos todo o medo de uma sova. Sentimos a dor, isso não muda. Mas o temor se perde. Acontece algo estranho e é o pior da coisa, o sentimento de dignidade se distorce. Como devo explicar? Através da sova regular não nos tornamos impassíveis fisicamente, mas obtemos, contra nossa própria razão, uma espécie de desejo de nos sentirmos na dor – pois nos percebemos de forma totalmente diferente do que sem dor. Surge uma doçura, que é reprovável segundo os próprios critérios morais. E precisamos até negar para nós mesmos essa doçura para, a cada vez, a desejarmos. E é ainda mais complicado, pois na doçura renegada – e por isso inaceitável – sentimos uma dignidade. Talvez uma dignidade do corpo, da qual a razão se envergonha. Quando surge essa dignidade, ENQUANTO e PORQUE a pessoa é humilhada, significa, então, que ela já está seriamente prejudicada. Todo dia eu levava uma surra por causa de tudo e de nada, como costumamos dizer. Por causa de uma mancha no vestido de domingo, uma nota ruim na escola, uma vidraça mal limpada, porque chegara

Minha pátria era um caroço de maçã *21*

muito cedo ou muito tarde com as vacas. Às vezes a surra era com a mão, às vezes com o pano de prato, a colher de pau ou a vassoura. Não era assim com todas as crianças, mas com muitas delas. Nem vale a pena contar dos tapas e das sovas leves, que faziam parte do dia a dia. Minha mãe gritava, com ódio, que fariam falta as pancadas que ela não acertava. Para ela o importante era acertar, pois motivos haveria sempre. E eu já estava tão imune que nem me esforçava para me comportar de modo a não ser castigada. Sabia que receberia uma surra de qualquer maneira, uma surra que tinha mais a ver com ela do que comigo. Hoje sei que ela era uma pessoa endurecida e despedaçada, pois sobrevivera aos cinco anos de trabalho forçado na Rússia e não muito tempo antes de eu nascer. Lá, tantos morreram de fome e de frio em volta dela, e ela teve mais sorte do que aqueles mortos, voltando empobrecida, casando rápido, tendo um filho que morreu com uma cor azulada após o parto, e logo depois o segundo – eu. Não falava nada sobre os campos e, se falava, isso acontecia sempre com as mesmas frases codificadas, nas quais ela mesma não aparecia. Dizia: "O vento é mais frio do que a neve, e a sede tortura mais do que a fome". Forçava sua vida em direção a uma normalidade impiedosa e desta faziam parte as surras e, no que diz respeito a mim, a indiferença e a confusão entre dignidade e humilhação.

A senhora deparou-se mais tarde com esse entrelaçamento, e de forma acentuada, em um jardim de infância.

Cerca de vinte anos depois, trabalhei por algumas semanas como educadora e a diretora instruiu-me já no primeiro dia: a primeira coisa, toda manhã, era cantar o hino. Daí mostrou-me num armário bastões longos e curtos, finos e grossos. As crianças eram treinadas para as sovas. Quando eu me aproximava de uma delas, ela apertava os olhos, desviava o rosto e dizia: "Não bata". Mas as outras gritavam em coro: "Bata, bata nela!". Isso me horrorizava por causa de antigamente, sabendo o que acontecia com as crianças adestradas para a surra. Nunca toquei naqueles bastões, mas as crianças eram brutalizadas e histéricas. Elas desprezavam-me, pois eu nunca as sovava, desafiavam-me a surrá-las, como se fosse um presente, um favor. Não reagiam a palavras, nem mesmo quando eu gritava. Minhas tentativas de me impor eram um fiasco. Nesse jardim de infância, enxergava como eu era antigamente. Sabia o que era exigir uma surra, o que era superar teimosamente uma sova com um orgulho interior atrevido – tudo isso eu conhecia de minha mãe. No entanto, o fato de o jardim de infância, ou seja, o Estado, entender educação como surra era ainda mais monstruoso do que berrar o hino toda manhã. Mas acho que tudo é uma coisa só, sem essa concepção humana à base de concreto e essa ideologia que reprime tudo, não haveria bastões no jardim de infância.

O que não consigo entender até hoje são os meus ataques de riso. Frequentemente eu tinha que rir nas ocasiões mais impróprias, por exemplo, quando algo valioso caía no chão e quebrava, ou quando alguém levava um tombo e se machucava. E o pior: durante enterros – olhava por tanto tempo os rosários entre os dedos, a língua amarelo-acinzentada do chantre cantando, a ponta dos sapatos do padre parecendo focinhos negros embaixo de hábitos brancos rendados, até que minha boca desatava o riso. Eram esses detalhes sem o resto ao qual pertenciam. Talvez fosse eu mesma sem esse resto em volta de mim, pois não conseguia, em primeiro lugar, impedir tal ataque de riso e, depois, pará-lo. Não estava de modo algum alegre nem gozava de nada. Não conseguia juntar alguma coisa ou tudo que tinha acabado de ver com aquilo que era realmente. Provavelmente eu partia o que não conseguia suportar no todo. Minha solidariedade ali, então, era maior do que se estivesse chorando. Eu era perturbada, mas nisso ninguém pensava. Também eu não me compreendia e não tentava justificar o ataque de riso. Para isso precisaria explicá-lo, o que não consigo fazer até hoje. Deixava-me ser sovada, sem dizer nada, por todo ataque de riso e envergonhava-me, sabendo que merecia a surra por isso. O que até hoje não sei: existe um riso invertido, que cai na nossa cabeça, que despenca ainda mais profundamente na tristeza do que o choro? Um ataque de riso é, sem dúvida, afiado, arrojado, ele machuca por dentro, é enfim um ataque, uma extravagância, uma explosão de tudo que é possível – mas não uma explosão de alegria.

Provavelmente através do ataque de riso, descarregou-se sobre mim a sempre presente tristeza do vilarejo, produzida de forma contínua, individual ou conjuntamente, por todos os utensílios e adereços do vilarejo. Todo enterro perseguia-me por uma eternidade, também não conseguia comer carne nos dias seguintes nem tentava me explicar essa ligação ilógica. Mesmo se um psicanalista me explicasse, ele faria, no máximo, algumas interpretações, mas não há certeza alguma sobre a maldita relação entre o interior e o exterior.

A rima sabe das coisas

A senhora relaciona a rudeza dentro de sua família, as pancadas, o tornar-se insensível, com o que chama de "estrago", provocado pelo campo de trabalho forçado e pela guerra. Todos tinham sofrido danos. Quando um vilarejo é tão isolado, tão longe do mundo, como uma caixa no meio de um campo, quando não tem estrada asfaltada, mas apenas o trem curto passando – todos nasceram no vilarejo, casaram, tiveram filhos e trabalharam no campo. Moraram, semearam, colheram, comeram, até serem engolidos pela terra. Sempre naquele pedaço de terra, nunca ninguém levantou o pé dali – mais de trezentos anos sempre o mesmo lugar. Mas daí os camponeses, com toda a sua ingenuidade, são arrancados para o mundo. Meu avô foi para a Primeira Guerra Mundial, meu pai, para a Segunda, e minha mãe, deportada para o campo de trabalho russo. Guerra e deportação os forçaram a deixar o vilarejo. Até os animais foram mobilizados para o exército. Meu avô tinha certidões de óbito, com assinatura e carimbo, dos cavalos que haviam morrido na Primeira Guerra. Como criança, eu não entendia que havia atestados de óbito para cavalos, mas não para as pessoas que não retornavam da guerra. Depois da Segunda Guerra Mundial, muitos desapareceram para sempre. Eram tidos como desaparecidos, pois deles não havia nem sinal de vida nem notícia de falecimento.

Veronika tinha a idade de minha mãe e seu marido estava desaparecido. Haviam passado vinte anos desde a guerra e ela sempre dizia: "Quando o vento bate de madrugada no portão da rua, penso que talvez seja meu marido". Sabia que o vento não era o seu marido, ela dizia; porém, diferentemente da morte dele, o vento e o portão da rua eram reais. Ela passou a vida inteira sozinha, numa casa comprida, com muitos quartos, estábulos vazios e celeiros. Tinha cinco galinhas-d'angola com pintas brancas, como neve em cima de uma seda cinza, e uma árvore com as primeiras cerejas do ano, atrás do terreno. Ao falar do vento batendo no portão, não estava reclamando de sua vida. Ela nem teria dito isso, se eu não tivesse perguntado: "Você não tem marido?". Também não fazia questão de que eu entendesse a coisa do vento no portão. Deve ter achado que eu ainda era pequena demais para imaginar o que seriam vinte anos de espera por uma pessoa. Eu até entendia, do meu modo, que o vento no portão poderia ser muito bem uma pessoa voltando. Seria normal, já que na minha cabeça todos os objetos e plantas andavam por aí de madrugada, no vilarejo. Tinha na época uns dez anos, então não sabia o que vinte anos de espera faziam com uma mulher. Só sabia que era possível falar alto com ervas daninhas e com o matagal e acasalar flores até mesmo em pleno dia. No entanto, não queria dizer isso para Veronika. Eu sempre ligava ao tempo uma medida, para que ele se tornasse visível, mas a medida "vinte anos" não era nada de concreto. E mesmo Veronika não tinha idade – talvez porque vivesse sozinha em casa. Eu era ingênua demais para entender sua situação e a diferença de idade entre nós. Enquanto comia suas cerejas de maio, nunca me ocorreu que, até então, a minha vida inteira seria a metade do tempo de sua espera. Acho que lhe fazia bem o fato de eu não entender, de eu ser tão inocentemente boba. Não havia uma distância na diferença de idade entre nós, mas apenas as elegantes galinhas-d'angola e a nunca dita palavra *solidão*. Jamais podia-se falar esta palavra, ela nem existia no dialeto. Havia apenas a palavra ALLEIN,* ou *alleenig*, o que não éramos quando falávamos com alguém. Apesar disso, sabíamos uma da outra que tínhamos muito a ver com a palavra *alleenig*. Embora não conseguisse estimar um período de vinte anos, era visível em Veronika a palavra *alleenig*, que crescera em volta de sua boca como uma marca. Diferentemente do meu caso, nela a palavra estava clara, como um aceitar-se constante. Acho que, diferente de mim, Veronika vivia em acordo com si mesma e com aquilo que era. Ela aceitava a morte do marido e mesmo assim esperava por ele, sem que este precisasse voltar, desde que o portão e o vento existissem.

Outros retornaram, mas não conseguiram encontrar a si mesmos. Tudo muda para sempre para aquele que nunca deixou essa paisagem de cinquenta metros quadrados e, de um dia para o outro, sai para o mundo a milhares de quilômetros. Meu pai partiu com dezessete anos para a guerra, junto com a ss de Hitler, ele sobreviveu, voltou para o vilarejo e nunca mais saiu desse ambiente – foi, no máximo, à cidade a trinta quilômetros de distância. Era caminhoneiro e abasteceu as lojas do vilarejo com seu caminhão caindo aos pedaços, o seu *Rablament*, como dizia. Quando queria sair, era preciso ter uma segunda pessoa ali que colocasse o motor em marcha com a grande manivela, assim que o motor roncava, tínhamos que jogar rapidamente a manivela no reboque, pular na cabine do caminhão e prender a porta com um pedaço de arame, pois a maçaneta estava quebrada. E havia,

---

* "Sozinho", em alemão. (N. T.)

no chão da cabine, um buraco enorme, do qual se via a terra andando junto. Eu tinha certeza de que o caminhão estava parado e só o caminho embaixo andava.

A única vez que minha mãe saiu do vilarejo foi na sua deportação para o trabalho forçado. As mulheres que sobreviveram à deportação, como minha mãe, diferenciavam-se das não deportadas através de seus penteados e roupas: aquelas que ficaram sempre em casa, pois eram jovens ou velhas demais para a deportação, ou seja, as não deportadas, usavam tranças e saias de prega até o tornozelo. As deportadas, cabelos curtos e vestidos curtos. Era uma marca.

Um sinal de clareza imbatível de que é impossível partilhar da vida anterior.

Nos campos, as mulheres tiveram seus cabelos raspados por cinco anos, às vezes como castigo, às vezes por causa de piolho. E usavam, durante o trabalho forçado, os trajes grosseiros dos campos russos, como os dos homens. Depois, nenhuma dessas mulheres deixou crescer de novo tranças ou mandou costurar saias de prega até o tornozelo – o que já diz tudo. A deportação acabou com trezentos anos de traje campesino, ninguém precisou ordenar e ninguém conseguiu impedir isso. Aconteceu por si só, através da sobrevivência, da consternação. Foi a consequência dura e clara, sobre a qual nunca se falou. Cinco anos de desnutrição, de água na barriga e nas pernas – isso não sai mais da cabeça. E havia mais uma coisa em comum entre as deportadas: elas tinham dentes estragados na boca, que precisavam ser extraídos. Pelo resto da vida usavam então próteses de dente e estas sacudiam, pois no caso de desnutrição crônica também a gengiva se retrai. Quando retornou, minha mãe, com seus 25 anos, foi a primeira a receber duas próteses do dentista de uma pequena cidade, uma em cima, outra embaixo. E as outras fizeram o mesmo.

Às experiências da guerra e dos campos, compartilhadas pelas pessoas da Europa Ocidental e do Leste – mesmo com todas as diferenças –, acrescenta-se o fato de que depois de 1945, na Romênia, não acabaram o medo, a perseguição, a opressão e o terror.
Sim, no pós-guerra e nas décadas seguintes surgiram democracias na Europa Ocidental. No Leste, porém, foram criadas as ditaduras, pois os sovietes instalaram o seu modelo de sociedade, o stalinismo. O exército, a polícia e o serviço secreto de todos os países europeus do Leste eram treinados em Moscou. A Europa do Leste ficou repleta de prisões e campos stalinistas. No correr das décadas, os russos continuaram sempre fazendo cemitérios na Europa do Leste. Nunca ninguém contou o número de mortos nos diferentes países, que é provavelmente o dobro dos mortos nos *gulag* dentro da União Soviética. Por causa de "incitação antissoviética", milhares de pessoas foram, até os anos 1960, presas, mutiladas física e psicologicamente ou torturadas até a morte. E sobre isso tudo era proibido falar na Europa do Leste até 1989.

Na Segunda Guerra Mundial, a Romênia, com seu ditador fascista Antonescu, ficou até o final do lado de Hitler, mas depois deturpou sua história, colocando-se "ao lado do vitorioso exército soviético". Na condição de Estado fascista, também a Romênia aniquilou sua população judaica. Assim como sob os nazistas, havia leis raciais, guetos, *pogrom*, os judeus precisavam usar a Estrela de Davi e tiveram seus bens expropriados. Além disso, o campo de concentração na Transnístria estava sob administração romena.

O stalinismo tratou de fazer uma divisão infame da culpa: a minoria alemã foi acusada pelos crimes, enquanto os romenos se passavam por antifascistas.

Sob essas condições, silenciar tornou-se uma lei. Qualquer manifestação sobre o vivido era perigosa, até mesmo no particular. Como os romenos negavam seus crimes, meu pai contestava os crimes da ss na minha frente, havendo assim duras brigas. Minha mãe silenciava sobre os campos e meu avô era tido pelo Estado como "classe para ser explorada", seus terrenos, suas lojas de produtos das colônias e suas barras de ouro foram expropriados. Mas ele afundara algumas barras de ouro na fonte do quintal – às vezes cochichava-se sobre isso à mesa de jantar, durante as noites de inverno. Anos mais tarde, a fonte foi "limpa", ou seja, bombeada, pois supostamente um gato teria caído lá dentro. Nenhum gato, porém, caíra ali, o que queriam era achar as barras de ouro. Mas elas não estavam mais lá, infiltraram-se na terra profunda de forma que ficou impossível encontrá-las, talvez nadem agora no centro da Terra.

Acho que nesse vilarejo havia por toda parte algo um pouco falsificado. O que estava ali como sempre, como os seus trezentos anos de enfado, na verdade tinha sido havia muito tempo abalado pelas catástrofes da história. A perturbação interior foi coberta pela teimosia externa. Dedicação, limpeza, perseverança e sobretudo essa mistura de arrogância e sentimento de inferioridade.

Quando se mente o tempo todo, quando a experiência própria está em total contradição com a verdade oficial e assim é roubada da pessoa, só dá para emudecer.

E endurecer. Sim, os soldados que retornavam da Wehrmacht e da ss haviam lutado com o exército romeno em Stalingrado e depois eles eram os criminosos, enquanto os romenos, os heróis. Assim, a minoria foi objetivamente impedida de falar sobre os crimes do nazismo e de admitir a verdade para si mesma. Esse emudecimento e endurecimento tiveram ainda como consequência um oportunismo antecipado. Meus pais foram e permaneceram amestrados pelo medo. O medo do castigo político os tornou incondicionalmente submissos, incorrigíveis e covardes. Vivi isso na minha família. Já estava na cidade, na fábrica, e tinha que aguentar as chicanas do serviço secreto, os interrogatórios, as buscas domiciliares e as ameaças de morte. Minha mãe temia por minha vida, o que consigo entender. Mas esse medo vindo do amor materno não só a tornava cega como também insensível. E não percebia, ao dizer que eu mesma teria culpa pela perseguição política e que estaria colocando a família em perigo. Ela tornava-se cruel comigo e não com a polícia secreta. Sua obediência era servil, suas acusações me pareciam como colaboração passiva. Não lhe interessavam os motivos pelos quais eu não participava daquela ditadura. Ela queria um mundo intacto, discrição e até mesmo fazer carreira a qualquer preço. Isso é ainda instinto materno, quando alguém diz: "Os outros batem palmas e ganham dinheiro, enquanto você não consegue fechar a boca, uma dia você vai cair morta na sepultura e o que ganha com isso?". Daí começava a chorar e queria ser consolada por mim.

Eu dizia que não queria aprender nada com nossa família. No entanto, acabei aprendendo. A ss de meu pai foi um exemplo de alerta para mim. Com meus dezessete anos, tinha a mesma idade dele quando se entusiasmou com Hitler. E o acusava, sabendo que também eu vivia numa ditadura e que não poderia acusá-lo de mais nada, se participasse dela.

Existe um passe moral para o sofrimento vivido? Até hoje não sei como classificar esse oportunismo extremo de minha mãe. Devo subestimá-lo como ingenuidade de uma camponesa? Pode-se explicá-lo com o campo de trabalho forçado ou só com o medo que tinha por sua filha? Os fatos estão aí, mas o que eles dizem? O oportunismo é inevitável como resultado?

Antes de minha mãe ser deportada, ela se escondeu num buraco de terra do jardim vizinho, foi em janeiro, durante uma semana ou mais, com vinte graus abaixo de zero. Então a encontraram, puxaram-na de lá e a mandaram para o campo num vagão de gado. Sem a questão do campo, esse detalhe do buraco de terra já é suficientemente horrível por si só. Mas isso lhe dava o direito de se comportar politicamente de forma tão tola? No que diz respeito ao meu pai, eu precisava considerar detalhes totalmente diferentes. Eu lia os poemas de Paul Celan e achava que, se meu pai como soldado tivesse sido enviado para um campo de concentração, ele teria manejado os fornos a gás. Ou assassinado os pais de Celan na Transnístria, onde não se precisava de gás. Os presos viviam nos buracos de terra de campos abertos, muitos agonizavam sem água e comida, enquanto os demais eram mortos a tiro ou a pancadas. Muitas vezes achei que minha mãe fora mandada para os campos de trabalho forçado russos por causa da culpa coletiva, ou seja, por causa da guerra do meu pai. Meu Deus! Que absurda a forma como a grande história se reflete, como culpa e castigo, na vida de um único casal, isto é, como ela se distribui injustamente entre os dois pais! Quando essa divisão aconteceu, eles ainda nem eram um casal, mas apenas duas pessoas da mesma idade num vilarejo do tamanho de um dedal, no fim do mundo.

Partindo desse vilarejo e de minha casa paterna, vejo história por toda parte. Meu pai morreu cedo por causa do álcool, tinha apenas cinquenta anos. Quando estava bêbado, ainda cantava, trinta anos depois do fim da guerra, canções nazistas com seus camaradas. O vilarejo era pequeno, mas as festas de casamento eram grandes. Bebia-se muito nas longas mesas de madeira, ouviam-se por toda a noite as canções embriagadas. O policial do vilarejo era romeno e não tinha ideia do que os homens cantavam, mas balançava junto. Eu não conseguia encarar os tempos nazistas desses homens como um pecado juvenil, pois eles não revidaram nada.

Fazia muito tempo da morte de meu pai e que eu havia deixado a Romênia, quando cheguei a Coventry. A palavra *coventrizar*, criada por Goebbels para "arrasar", estava literalmente no ar, como a ruína da igreja lembrando aquela catástrofe. O vento esbarrava nas árvores, mas eu via as longas mesas de madeira e ouvia, no ar entre as árvores, as canções embriagadas do vilarejo. Há muitos desses lugares de catástrofe, então preciso pensar: meu pai já esteve por toda parte aonde chego. Querendo ou não, minha família se arrasta pelo mundo atrás de mim. Ou eu a levo comigo para estes lugares, pois não dá para deixar a cabeça em casa. Não tenho que me sentir culpada por meu pai, mas preciso refletir sobre isso.

E esta reflexão levou a um cruzamento da história individual com a história em grande escala?

No final das contas, até as relações totalmente pessoais, mesmo aquelas relações mudas e instintivas de toda família, têm uma dimensão política, pois reagem ao sistema político que as cerca. O político ocasiona muito do psicológico e tem uma participação fatal em tudo e em todos. Toda história familiar também é, ao mesmo tempo, a imagem particular decalcada da história.

É certo que o político está sempre aí, mas nós mesmos decidimos o que fazemos ou não, e isso se chama responsabilidade pessoal. Olhando para trás, nós mesmos decidimos o que aprendemos do vivido. Acho que não podemos dar como desculpa os pais, as origens, as alegrias e tristezas da infância, os cuidados ou a violência. Somos certamente um resultado, mas nosso próprio resultado. Ninguém pode nos obrigar a virar aquilo para que fomos criados ou a permanecer assim. A infância tem uma data de vencimento relativamente curta. Depois a responsabilidade fica por conta da própria pessoa, que tem uma vida toda para se educar, queira ou não. Como a pessoa faz isso eu não sei, pois ela é tão opaca para si mesma. Conhecem-se os fatos por fora, mas como eles agem continua sendo um mistério. Não sabemos como o vivido age numa pessoa.

A cumplicidade entre incorrigibilidade e ditadura leva-a para a fórmula: "manter a decência no privado significa fracassar no público".
Eu vi o que acontecia ao meu redor. Como jovens, queremos mostrar o que conseguimos, o que queremos nos tornar. É preciso se controlar para não dizer nada numa reunião, quando outros elogiam o partido e ganham reconhecimento e privilégios. Saiba que eu recitava muito melhor o poema do partido do que o aluno que estava no palco. Mas não quero estar no palco. Então fico embaixo, fazendo parte de uma maioria acinzentada, que não é considerada. Já no ginásio era preciso decidir se faríamos isso e fracassaríamos publicamente, porque queríamos permanecer decentes na privacidade. Para uma coisa, era necessário frear-se, para a outra, evidenciar-se. De qualquer forma, ninguém acreditava na propaganda. Tratava-se apenas de servir-se dela para conseguir algo na vida. Bem, os mais altos mandachuvas e seus filhos casavam-se não só no cartório como também secretamente na Igreja, o que o partido proibia. Eles não acreditavam no partido, mas só nas suas posições. E por estas eles faziam tudo, fingiam, espreitavam, intrigavam, chantageavam, denunciavam. Se fosse preciso, até matavam.

A senhora "evidenciou-se" de outra maneira, ou seja, quando escreveu seu primeiro livro. Com que mudanças a senhora teve que concordar para que ele fosse publicado?
Quando *Depressões* foi finalmente publicado pela editora bucarestina Kriterion, depois de três anos e de censura por parte de vários "editores", ele estava desfigurado do ponto de vista estilístico e atrofiado no conteúdo. Textos e passagens inteiras foram jogados fora, formulações mudadas, como a Rússia virando "um país distante e desconhecido". Este era o aspecto político da censura. O primeiro editor escrevia, ele mesmo, poemas, e a cartilha de estilo stalinista era o seu padrão para literatura. Con-

siderava pobreza de estilo a repetição intencional de uma palavra ou de uma frase. Quando tirava alguma coisa, dizia ser necessário "exterminar". Além disso, era uma pessoa pudica, então o que chamava de decadente, ordinário, precisava ser tirado. Assim, a avó não tinha mais secreção no canto do olho, mas "algo que cola". Quando o livro saiu depois desse "extermínio" todo, para mim, era quase indiferente. Eu havia escrito grande parte na fábrica, entre quatro contadores, secretamente, em vez de traduzir a descrição técnica de máquinas hidráulicas do alemão para o romeno. Trabalhava na fábrica de construção de máquinas; como na minha cabeça nós éramos aquilo com o qual ganhávamos o pão, eu era tradutora.

Não me considerava uma escritora. Comecei a escrever porque meu pai havia morrido, porque as chicanas do serviço secreto se tornaram cada vez mais insuportáveis. Precisava assegurar-me e a sensação de impasse ao meu redor dava-me muito medo. Escrever parecia conter o medo. Não queria, entretanto, escrever literatura, mas encontrar um apoio. Quando lia livros, sempre pensava que as belas frases, que são mais do que o conteúdo de suas palavras, sabiam, enquanto durava o olhar sobre elas, como funcionava a vida. Sim, como naquela época, quando as plantas sabiam, agora eram as frases que sabiam. Também as frases que eu mesma escrevia diziam mais sobre mim, o vilarejo e a infância emudecida do que minha boca ao falar. E essa diferença atraía-me e dava-me medo. Dessa diferença resultava alguma coisa que eu não conseguia prever. As frases enxergavam aquilo que eu não entendia, talvez porque precisasse encontrar palavras que não conhecessem a mim nem a elas próprias e que conseguissem expressar mais do que era possível dizer oralmente. Era isso que me dava apoio – o fato de o incerto no escrever forçar uma verdade que corresponda à realidade, pois aquela não se gruda nela, mas a excede. Escrever palavras no medo

Minha pátria era um caroço de maçã   35

era talvez como comer plantas, era uma fome de palavra. Criar a vida real, mais uma vez, de forma irreal, não tim-tim por tim--tim, mas muito mais precisamente. Era a ideia de que, sob a guarda das frases, saberia um pouco melhor como conseguir viver. As frases não me poupavam de modo algum, mas o trabalho que tinha com elas davam-me um apoio.

Na época, jamais imaginei que *Depressões* seria publicado na Alemanha. Tive medo quando recebi a notícia.

Nesses tempos, a senhora já estava na mira do serviço secreto e precisava ser extremamente cuidadosa.

Para a edição do livro, encontrei-me com a editora berlinense--ocidental na estação de esqui Poiana Brasov, nos Cárpatos. Tinha que ser um encontro conspirativo, então éramos turistas em férias de esqui, o serviço secreto não podia saber que nos reuníamos. Era o início da temporada de esqui, mas só no calendário. Nos Cárpatos, o sol aparecia como louco naquele começo de inverno, o ar estava quente como no final tardio do verão. Não havia um floco de neve, nenhum turista, só nós duas no hotel. A editora trouxera uma mala cheia de velas e latas de conserva. E eu, o manuscrito. Infelizmente nossos quartos não eram vizinhos. Encontramo-nos "por acaso" no restaurante e tomamos um café. Quando a editora voltou para seu quarto, a metade das velas e conservas já tinha desaparecido da mala. Ela bateu na minha porta, perguntou do manuscrito e fui olhar, por sorte ainda estava na mala. Não podíamos deixar mais o manuscrito sozinho no quarto e, de jeito nenhum, discutir sobre a edição lá dentro. Por fim, percebemos que não estávamos anônimas naquele lugar. Tínhamos que combinar um sinal secreto para nos reconhecer ao bater na porta uma da outra. A editora bateu com os nós dos dedos, duas vezes longamente, três vezes de maneira breve. Seria fácil de guardar, ela dizia. Mas eu não estava muito segura. Então ela repetiu e disse, em compasso: "Ho Ho Ho Chi

Minh".* Levei um susto, pois estava cheia de Ho Chi Minh, de Revolução Cultural, meu Deus! Não, eu disse, assim não consigo bater. Então pense em outra coisa, ela respondeu, não precisamos mudar o compasso. O compasso, porém, já estava ocupado, independente do que pensava, só me vinha Ho Chi Minh. Mas o Ho Chi Minh foi apenas o começo dessa edição nas montanhas. Editávamos lá fora, sentadas como dois lagartos sobre uma pedra morna na encosta. De repente ouvimos batidas ensurdecedoras, olhamos para cima da encosta e começamos a correr. Lá em cima estavam soldados, que jogavam barris de ferro para baixo. Estes rolavam em zigue-zague atrás de nós, mais rápido do que conseguíamos correr, obrigando-nos a desviar. Se um barril daqueles tivesse nos atingido, teríamos sido esmagadas. Salvamo-nos em um teleférico, nos escondendo atrás da casa do condutor. Os barris passaram por nós por um triz, rolando para o vale, enquanto os soldados desapareceram. Acho que o ataque de barris foi um acaso, uma diversão de soldados brutalizados e entediados. Ceausescu tinha nos Cárpatos muitas áreas de caça, florestas inteiras eram zonas proibidas, com soldados estacionados por toda parte. Ficamos sentadas por algumas horas numa depressão rochosa, fazendo a edição. Daí fomos jantar no restaurante de nosso hotel. Enquanto comíamos, chegaram cerca de cinquenta asiáticos, todos usando as mesmas jaquetas e calças escuras, eram provavelmente convidados oficiais do Estado, uma delegação da Coreia do Norte. Ceausescu visitava frequentemente a Coreia do Norte e Kim Il-sung era para ele um exemplo. Os garçons tinham esperado a delegação e as mesas já haviam sido empurradas, formando uma longa mesa no meio da

---

* Refrão da "Balada de Ho Chi Minh", escrita pelo britânico Ewan McColl em 1954 e dedicada ao líder revolucionário vietnamita Ho Chi Minh (1890--1969).(N. T.)

sala. A mesa longa estava pronta, eles sentaram-se. Dois romenos estavam lá e um deles fez um discurso teatral sobre hospitalidade e socialismo. Enquanto o outro traduzia de forma concisa e quase minimalista, brindando a amizade entre os povos, já chegava a sopa e a música começava a tocar nos alto-falantes do restaurante. Eram músicas populares romenas. Os homens tomavam aguardente e o barulho aumentava na sala.

Sugeri irmos para o quarto. Mas a editora pediu para ficar. Ela disse que gostaria muito de dançar com um daqueles muitos homens parecidos. Queria ir até a longa mesa e tirar alguém para dançar. Não se atreva, eu disse, senão você terá que dançar com cada um deles até amanhã cedo. Eu deveria dançar também, naturalmente. Jamais, afirmei. Então, ela disse, deveríamos pelo menos dançar uma com a outra, pois ela queria dançar. Mas assim, eu disse, sugerimos que queremos dançar com eles e, se nos pedirem para dançar e nós recusarmos, vamos ter problemas. O fato de ela querer agora, depois das batidas Ho Chi Minh, dançar com um Ho Chi Minh deixou-me perplexa. Com nossas impressões de Ho Chi Minh, estávamos em mundos totalmente diferentes, o que para mim era ameaçador era para ela exótico. Quando ela ficava presa no elevador do hotel, sabia que se tratava de chicana, já se sentia presa e tinha mais medo do que eu. No entanto, quando algo era realmente arriscado, ela não entendia nada. A situação era igualmente fatigante provavelmente para nós duas, eu era uma criança do regime, vinda do Leste, escaldada frente as chicanas, e ela, ideologicamente marcada pelo movimento de 1968, do Ocidente.

E tudo isso acontecendo nos Cárpatos, pois me metera nessa situação, acreditando estar servindo à conspiração. Sem a neve, porém, chamamos mais atenção do que na normalidade de uma cidade.

De toda forma, sentia-me nessas montanhas no lugar errado, com um céu aprisionado por pedras e paredes rochosas, lisas e verticais como casernas sem janelas. Subíamos as encostas com os pés sobre a cabeça, com as nuvens sob os pés. Mesmo quando nada girava, ficava tonta comigo mesma, com o absurdo de esquiar e acreditar estupidamente que tal lugar serviria à conspiração.

Sim, por causa da conspiração, deveríamos aparecer no hotel como turistas, independentes uma da outra. Já fazia algumas horas que eu estava lá e esperava pelo ônibus da editora. Subia e descia para o hotel, quando vi na parede lateral arbustos de malva, ainda com flores quase murchas, de um preto aveludado – tão lindos como nunca vira antes em jardins. Colhi as sementes secas do caule, levei-as para casa, pois queria plantá-las no jardim, na primavera, quando viajasse de novo para o campo. Coloquei-as na cozinha, dentro de uma gaveta. A primavera chegou, mas o saquinho com as sementes não estava lá. Quando perguntei para meu marido se ele havia guardado o saquinho com as sementes de malva em outro lugar, ele disse: "Os grãos do saquinho azul usei para espalhar na sopa para nós, achei que era um tempero".

Foi uma pena, as malvas pretas-aveludadas da montanha eram tão lindas, pois também elas não estavam na sua casa naquelas montanhas, nem consigo nem em casa. Senti isso, já que meu instinto do vale ainda funcionava. Gostaria de ter plantado no vilarejo tal planta estranha, que anda à noite por aí. Esperando que ela se espalhasse de um jardim para o outro, pelo vilarejo todo.

Comparando a última versão válida de Depressões *com aquela originada nos Cárpatos, vê-se como também a sua editora alemã interveio intensamente. Faltam passagens – sensuais até nas mais detalhadas ramificações – que estão entre as mais lindas do livro. Houve brigas durante a edição ou ao menos conflitos?*

A edição foi simples, pois eu não contestava quando tiravam alguma coisa, nem sentia pena de nada. Frequentemente perguntam-me por quê. Os textos tratavam desse vilarejo, do tamanho de um dedal, no fim do mundo. E a Romênia, com sua terrível ditadura e sua pobreza sombria, estava, como um todo, no fim do mundo. Eu precisava urgentemente, todo dia, da beleza das frases, mas escrevia para encontrar um apoio para a miséria da vida e não porque queria fazer literatura. Fazia anos que lia livros e revistas do Ocidente, para isso não havia censura política. Estava convencida de que as mudanças da editora teriam motivos meramente literários, de que uma pessoa do Ocidente teria mais ideia de estética do que eu. E, pensava, a quem interessam uma minoria de alemães travados e uma ditadura no fim do mundo? Se um livro assim sair no Ocidente, ele provavelmente não deve ser grosso demais, para que pelo menos um ou outro o comprem.

Algumas histórias com referências políticas diretas, como "Die Meinung" [a opinião], "Inge" e "Herr Wultschmann" [senhor Wultschmann] não foram incluídas.

Esses textos que foram tirados são menos poéticos do que diretamente políticos. Eles assemelham-se e tornam-se irônicos, no momento em que insistem através de repetições. Talvez esse tipo de texto em si não tenha agradado a editora, talvez ela não tenha achado boas essas histórias do ponto de vista literário ou tenha havido, consciente ou subconscientemente, outros motivos.

Em comparação, histórias como "O banho suábio" e "A risca do cabelo e o bigode alemão" parecem muito menos polêmicas e bem com elas a senhora despertou a ira da agremiação nacional dos banatos, que a perseguiu fortemente por muito tempo, até depois de sua saída do país.

Para a agremiação dos banatos, *Depressões* foi monstruoso – obsceno, ordinário, um escândalo. Essa gente conhecia apenas romances de revista e literatura regional – sua terra como o lugar mais lindo do mundo e o germanismo como virtude, dedicação, limpeza, tradição. Você ama a sua terra e a terra a ama, ali estão suas raízes, àquele lugar você pertence, a terra é fértil, o sol é dourado – assim tinha que ser. A sede da agremiação dos banatos sempre fora em Munique. Os funcionários viviam há décadas no mundo livre, mas projetavam sua pátria para a Romênia. Era uma pátria abstrata, um livro ilustrado com portões de madeira entalhada, frontões ornamentados, músicas para sopro e dança popular. Mas não lhes interessava o fato de que os portões de madeira e as fachadas dos vilarejos se encontravam numa ditadura. Sua ideologia de pátria não precisava se desentender com a pátria concreta e o dia a dia da ditadura. Eles embriagam-se até hoje, numa posse abstrata da pátria, a distância.

Quando os donos da pátria leram nas minhas frases que a terra nos vilarejos devora a gente, que a pátria concreta está ali como um caixote de trezentos anos, que há mais bebedeira e suicídios do que felicidade, eles ficaram furiosos. Eu teria manchado sua terra e seu germanismo. Eu não me propusera a irritar a agremiação dos banatos em Munique ou a minha gente na Romênia. Para mim, o vilarejo era assim também antes de eu o ter deixado. Bem naquela época, durante a infância, eu achava que estávamos ali na imundice solitária e ventosa dos campos, nas franjas do mundo, que o tapete era de asfalto e ficava na cidade. No asfalto, a morte não consegue se arrastar pelo tornozelo da gente. A palavra "pátria" era diferente do que nas canções, ela compunha-se de plantas à espreita, do além íngreme lá no céu, do arder e congelar da pele e do cansaço enfadonho – compunha-se dessa tristeza do vilarejo, dos velhos e pesados adereços e utensílios do vilarejo. Por isso eu queria, já quando criança, ir para a cidade. Achava que no vilarejo todo mundo era velho e já nascia velho. Quem quisesse ficar jovem precisava sair do vilarejo. E então, quando cheguei à cidade, meu coração acelerou-se de tanta insegurança e sentimento de inferioridade. Contudo, senti que escapara do vilarejo como que por sorte e, desde o primeiro dia, não conseguia imaginar um retorno. Mas tive

Minha pátria era um caroço de maçã   41

saudades, talvez não na cabeça, mas apenas na boca, pois a cidade falava romeno e eu não conhecia essa língua. Na maior parte das vezes, o que me ajudou nesse conflito foi ler livros e, com o tempo, também o romeno, que fui aprendendo no dia a dia. As comparações abriam-se, palavras romenas deslocavam-se para as minhas palavras alemãs. *Cer* significa em romeno "céu", e um requerimento se chama *cerere*. Um requerimento romeno, então, é uma petição ao céu – o que não pode adiantar nada. Tais pensamentos vinham constantemente à minha cabeça. Quanto mais surreais pareciam, mais exatamente eles iam de encontro à realidade. Quando era convocada para os interrogatórios, experimentava no caminho as mais variadas rimas, por exemplo: *Mein Vaterland ist ein Apfelkern, man irrt umher zwischen Sichel und Stern.** Sim, quando precisávamos ir a um interrogatório, éramos convocados para a pátria. A rima sabia disso. Nos meus exercícios mentais com as palavras, percebia que o poético era real e mostrava do melhor jeito, no seu tremular, como a vida é horrorosa. Primeiramente, livrei-me do vilarejo através da leitura, depois através da escrita, pois as frases criadas conseguiam dizer em meu nome, mas de forma melhor do que eu, como era essa infância. E perturbou-me o fato de como as frases me mostravam que essa educação do vilarejo não servia para mais nada na cidade, a trinta quilômetros dali, e que eu precisava me desabituar das opiniões e dos julgamentos do vilarejo.

Pelo visto a agremiação nacional dos banatos considerou reais as frases literárias e leu os contos como se fossem relatórios.

Em *Depressões*, o pai é um nazista e fez cemitérios pelo mundo. Para a agremiação dos banatos, este pai não era uma figu-

---

* "Minha pátria é um caroço de maçã, perdemo-nos ao seu redor entre foice e estrela." (N. T.)

ra literária. Eles o conheciam e estavam dentro daquela pessoa. Acrescentam-se a isso os meios poéticos, que tornam álamos em facas. Eles também liam palavra por palavra e assim eu caluniara não só as pessoas, mas tudo em seus vilarejos, até mesmo as árvores. O fato de que é possível amar coisas que não conseguimos suportar, de que amor e enfado podem ser o mesmo, de que existem meios-termos que podem ser compostos de uma forma diferente do que conseguimos descrever – tudo isso os ideólogos da pátria não conseguem imaginar. A agremiação dos banatos era uma espécie de ministério do sentimento da pátria. O que não estava previsto no seu registro de sentimentos era tido como "difamação do ninho". E fui apresentada nos jornais da agremiação como "difamadora do ninho" ou mesmo caluniada como denunciante da Securitate. Os sentimentos da pátria permitidos eram os clichês, os pré-fabricados *kitsch*. Que eram no conteúdo tão mentirosos e, do ponto de vista literário, tão inúteis como os regulamentos do partido. Havia então dois ministérios do sentimento, num deles dominava o regime romeno, no outro a agremiação dos banatos em Munique – e esta não soltou uma palavra crítica sobre a ditadura. Por que foi assim durante décadas só fui compreender ao ler meu arquivo na Secretaria Gauck* de Bucareste. A agremiação dos banatos trabalhou junto com a Securitate e tinha espiões infiltrados. Por décadas, o ódio próprio e as tarefas da Securitate serviram à oficina de falsificadores da ditadura. Os denunciantes jamais contaram com a queda do regime e o acesso aos arquivos do serviço secreto. Agora o envolvimento da agremiação com um serviço secreto criminoso é

---

* Criada em 1991, a Secretaria Gauck ou *Gauck-Behörde* é responsável pela investigação dos atos da Stasi, o serviço secreto da extinta Alemanha Oriental. Tem o nome de seu primeiro diretor, o teólogo Joachim Gauck, que também foi presidente da República da Alemanha. (N. T.)

bem constrangedor para o álbum da pátria. Disso não se fala na agremiação.

A senhora sempre enfatiza que, durante o ato de escrever, o vivido é transportado para um campo no qual não se trata primariamente de dia ou noite, de vilarejo ou cidade, mas sim de substantivo e verbo, compasso e som, e que a realidade só pode ser encontrada por um desvio.

Desvios, pois não existem caminhos certos ao escrever. Não, acho que os desvios são os caminhos certos. Para escrever uma frase, preciso sair dos costumes linguísticos das palavras, as palavras encontram-se por causa do compasso e do som e tornam-se precisas de modo inesperado, dizendo pela primeira vez o que eu não sabia que sabia. Os fatos reais não se tornam sem efeito, mas são elucidados. É verdade, sim, e está certo como fato que a pátria com foice e estrela é um caroço de maçã. Não sei como as palavras conseguem fazer com que a frase apareça brilhando e diga muito mais do que o conteúdo de suas palavras. Mas como podemos explicar para um ideólogo da terra natal ou da pátria o brilho na frase? Você não consegue negociar nada com ideólogos, entre eles não há estética como uma necessidade interior. Em vez de uma beleza desesperada eles precisam do *kitsch* seguro e da obstinação teimosa, que se faz passar por boa. Para os controladores da pátria e garantes do nosso sentimento, só vale uma coisa: deve ser assim como sempre foi, para que assim permaneça.

Num mundo tão seguro de si, a literatura não consegue encontrar um lugar. Escrever – como atividade a ser levada a sério – também não estava previsto, estava?

Nem mesmo ler estava previsto, quanto mais escrever. Só leem livros as pessoas que são muito preguiçosas para trabalhar. Ler também era tido como prejudicial à saúde, as pessoas acabam com os olhos e, o pior, com os nervos; quando leem muito, podem tornar-se melancólicas. Acrescenta-se a isso a desconfiança, pois ninguém acreditava, com razão, no que estava escrito todo dia no jornal. Quando alguém era apanhado mentindo, diziam: você mente descaradamente.

Quando o vilarejo foi isolado pela neve, meu avô leu a *Brockhaus* como um romance. Pegou a enciclopédia, começou na letra A e continuou até acabar o inverno. Assim, sabia muito. Quando a neve foi embora, ele guardou a *Brockhaus* bem atrás no armário, em cima, atrás dos gorros de pele cheios de folhas de tabaco. Usava-se tabaco contra as traças. No silêncio escuro do armário, os gorros de pele e a *Brockhaus* esperavam pelo próximo inverno. Os gorros eram mesmo assim corroídos pelas traças, eles pareciam formações de ossos. Só a *Brockhaus* permanecia sempre inteira e cheirava a tabaco por todo o inverno. Meu avô começava então a ler de novo a partir da letra A, como se tivesse esquecido, com tanto trabalho, tudo no verão.

Meu pai nunca pegou uma *Brockhaus* na mão. Minha mãe e minha avó também não, elas tricotavam meias no inverno. Usávamos apenas meias de lã de ovelha tricotadas em casa. Comprava-se um grande saco de lã, que parecia um chumaço enorme de algodão sujo. Era preciso desembaraçar a lã e ali estavam pedrinhas, gramas e fezes secas de ovelha. Só quando havia sido limpa, a lã podia ser lavada, secada, fiada e enrolada em meadas. Em seguida, levávamos a lã à cidade para tingi-la e, quando voltava, ela era enovelada. Assim, então, as meias podiam ser tricotadas. Os papéis ali eram claramente distribuídos, a mulher com as meias, o homem com a *Brockhaus*.

E havia mais um livro na casa, que permanecia sempre escondido embaixo no armário: o livro do doutor. Ele tinha uma capa preta e era tão grosso quanto dois volumes da *Brockhaus*. No livro do doutor estavam descritas todas as doenças e como tratá-las em casa. Quem lia o livro do doutor não precisava de médico. Por

Minha pátria era um caroço de maçã

isso nosso livro do doutor era frequentemente tomado emprestado pelos vizinhos. Também as vizinhas consultavam o livro, diferentemente de ler livros, o livro do doutor curava as pessoas. Doenças eram os segredos dos adultos, que lidavam timidamente com elas, também entre eles. Quando um vizinho pegava emprestado o livro do doutor, nunca lhe perguntavam sobre qual doença ele queria se informar. No vilarejo, doenças eram castigos enviados pelo Senhor, às vezes direta, às vezes de modo impronunciável. Meu avô registrava num caderno, como um bibliotecário, quem e em qual dia emprestara o livro do doutor, e em quantos dias ele era devolvido. Para as crianças, o livro do doutor era proibido.

No verão, o livro do doutor raramente era emprestado, ninguém tinha tempo para doenças. Todos saíam de casa, estavam lá fora no campo, no quintal, no jardim, enfim, longe o suficiente do silêncio do armário. Nesses dias de verão, eu pegava o livro do doutor. Clareava um pouco o quarto fazendo uma pequena abertura na persiana, para não ser notada por fora. Colocava o livro do doutor sobre o tapete e folheava-o até o ponto que me interessava, o corpo nu. Era possível abri-lo, embaixo da garganta havia duas portas para a costela. Embaixo estavam duas portas para a barriga. Peito e órgãos sexuais eram masculinos e femininos, o corpo era homem e mulher em um só. Podia-se remover o peito e a barriga, eu punha então os muitos órgãos sobre o tapete, um ao lado do outro. Eles tinham cores diferentes, todos em pastel, e estavam todos numerados. Montei nos peitos a mulher e no sexo o homem. Depois o inverso. Ou o coração na barriga e a vesícula na garganta. Não podia brincar longamente, pois precisava-se de tempo para rearranjar todos os órgãos corretamente, tudo precisava encaixar bem, de forma que as portas do peito e da barriga se fechassem sem dificuldades.

De tanto rearranjo os órgãos já estavam naturalmente deformados. Meu avô sabia que o corpo nu desgastado não vinha só dos empréstimos do livro do doutor e dizia: "Você esteve de novo no livro do doutor". E enfatizava o *de novo*. Eu negava e esperava pela próxima oportunidade.

Talvez não tenha sido tão errado proibir-me o livro do doutor. Aqueles órgãos coloridos perseguiam-me. Eu imaginava ver como estavam embrulhados em cada vizinho, cachorro e peru do vilarejo. Medo e nojo atacavam-me, pois achava que os órgãos descoravam com tudo que comíamos, branco do pão, azul das ameixas, amarelo dos melões doces. E imaginava que éramos arrumados todo dia de um jeito diferente, e que durante o trabalho, a caminhada ou o sono, as entranhas escorregavam confusamente, sempre de forma variada. Apesar de ter estudado no livro do doutor a barriga da mulher com o útero, continuava acreditando que as crianças eram trazidas pela cegonha. Não num voo pelo ar, mas que a cegonha se aninhava na barriga. Havia no livro do doutor um pequeno desenho com o útero, no qual estava um embrião, pálido e curvo como um broto de feijão na terra. Não achava que era um broto de feijão, mas sim uma pequena cegonha que, ao crescer, se tornaria uma criança. Ninguém duvidava do livro do doutor, ele era a prova de que seríamos, além de seres humanos, também bichos, plantas e objetos. De que os órgãos estariam ligados a nós com o segredo do tempo, que coleciona nossas respirações como bolinhas de vidro num cordão. Assim, o material do corpo e o do vilarejo estavam envolvidos um com o outro de forma ainda mais pavorosa. O que o livro do doutor mostrava, acho, me deixava ainda mais perdida no vale com as vacas, no campo de milho, na mesa com meus pais ou de noite, no quarto escuro, na cama. Os adultos dizem que, quando se mata uma andorinha, a vaca dá leite vermelho. Assim esquisita era essa superstição tão habitual e prática. Ela tinha a envergadura mágica e sombria cheia de palavras fantásticas. Numa lógica incompreensível, o leite sente na vaca a morte da andorinha e tinge-se com o sangue dela. Aqui, causas e consequências remisturam-se tão espantosamente como na literatura realmente boa.

Mas preciso dizer mais uma coisa sobre o livro do doutor. Quando meu avô morreu, perderam o livro do doutor. Minha mãe nunca anotou para quem o emprestara. Ela esqueceu-se e ele não foi mais devolvido.

No inverno, quando os habitantes do vilarejo consultam suas doenças e o avô lê a Brockhaus, o vilarejo está mais isolado do que nunca, o trem fica parado, os caminhos escondem-se na neve e o carteiro aparece como a única ligação com o mundo.

Ele trazia o jornal e, quando meu avô não prestava atenção, eu arrancava um pedaço e comia. Eu gostava daquele papel branco-acinzentado e poroso e daquela tinta, um pouco forte, amarga e salgada. Também gostava de comer fruta bolorenta, como as ameixas mais tardias, que ficam penduradas nos galhos quando as folhas já caíram. Nos dias quentes do final do verão, as cascas da ameixa murchavam como pele velha, ganhavam um bolor branco-esverdeado e a polpa espumava um pouco. O gosto era de um doce putrescente, bem forte. Minha avó, mãe de meu pai, sempre fez queijo embolorado. Pisoava-o numa panela de barro e deixava-o descansando por uns dez dias, chamava-se "queijo podre". Só quando começava a se dissolver e a adquirir um gosto marcantemente picante e forte, ele era comido. Azedo, amargo, forte ou podre, disso eu sempre gostava – mas nada doce. Até hoje não consigo comer nenhum abricó maduro, mas gosto dos verdes, amargos, com os quais a boca fica farinhenta. Assim também são bons os abrunhos, que têm um gosto amargo, misturando o suave e o peludo. É preciso esperar até o final do outono, quando são cobertos pela geada. A avó que fazia o queijo podre também colhia e secava abrunhos e, no inverno, cozinhava-os para compota, que acompanhava a carne assada. Comiam isso as pessoas pobres, que não tinham terra própria e árvores, enquanto havia abrunheiros por toda parte entre os campos. Também as cercas do cemitério eram de arbustos de abrunho. Quando colhia as bolas pretas, eu pensava que dentro das frutinhas estariam os mortos. Isso me dava nojo, mas as comia mesmo assim. Talvez justamente por isso, pois poderia colhê-las em outros arbustos, havia abrunheiros suficientes. Frutas silvestres são muito gostosas, as maçãs e peras silvestres, amoras, nêsperas. Estive uma vez em Edenkoben, no início da primavera, e caminhei até o vilarejo seguinte pelos vinhedos. Ainda havia manchas de neve no chão e, entre as videiras, três ou quatro pessoas cortavam os cardos que tinham acabado de crescer. Eles ainda eram folhas congeladas e com finos espinhos, cobertas por uma camada de vidro. Pensei que talvez as pessoas tivessem coelhos em casa. Dirigi-me a elas, eram dos países bálticos e sabiam que era possível comer os cardos depois do degelo.

Assinavam o jornal porque precisavam de papel. O jornal não era para ler, mas para o uso doméstico, para embrulhar, limpar, cobrir. Não só no vilarejo, mas também na cidade. Contei como um transeunte cobrira com seu jornal o rosto de um morto, no caminho de um parque. Papel é leve, mantém-nos aquecidos e podemos usá-lo como palmilha. Não havia nenhum outro papel no país. Falava-se da crise do papel, que era também um pretexto para a censura. Eu trazia da fábrica papel usado, na frente estavam as listas e os números da contabilidade e o verso, vazio, podia ser usado para escrever. Nos últimos anos de Ceausescu, o empobrecimento estava tão avançado que até nas empresas estatais os jornais eram usados como papel higiênico. Na escola onde lecionei antes de minha partida, os alunos precisavam cortar jornais em pedaços do tamanho de uma mão. Com tantos elogios ao partido e o culto da pessoa nos livros escolares, seria fatal, e até mesmo visto como conspirador, se a foto de Ceausescu fosse degradada como papel higiênico. Os alunos responsáveis pelo papel higiênico precisavam, então, escolher bem os jornais e cortá-los de modo que nenhuma parte do corpo de Ceausescu caísse na privada, além do rosto, também não a orelha, a perna das calças ou o sapato. Essa coisa toda de cortar o papel higiênico era delicada, mas inevitável, pois fazia anos que não havia papel higiênico para comprar em todo o país.

A senhora disse há pouco que as tarefas no vilarejo estavam claramente distribuídas: a mulher com as meias, o homem com a Brockhaus. E isso, apesar de as mulheres trabalharem no campo tão duramente como os homens e também baterem nas crianças em casa?

Sim, a vida no vilarejo atribuía aos homens e às mulheres papéis bem diferentes, que não mudaram muito no correr dos tempos. Muitos trabalhos eram distribuídos de acordo com a força física: cortar lenha, cortar feno, carregar sacos, abater porcos, ficavam para o homem – mas limpar sapatos, virar o feno e abater galinhas, para a mulher. Na cidade não era muito diferente, lá a coisa só mudou quando a máquina apareceu. Assim a mulher também pôde ser operadora de guindaste na fábrica. Prefeito, secretário do partido, policial ou guarda noturno eram na cidade atribuídos aos homens, como no campo. Por trás disso estão ideias bem concretas: o prefeito e o secretário do partido precisam de autoridade. O policial e o guarda noturno, de força física, para quando vier um assaltante ou ladrão. Eram leis não escritas. A Romênia tinha uma mentalidade campesina também nas cidades. Os mandachuvas do partido vinham, na maioria das vezes, das regiões mais pobres. Eram filhos de camponeses, que fizeram carreira se adaptando ideologicamente. Eles eram tantos que sua mentalidade não teve que mudar. Seus cargos e departamentos tornaram-se como eles. Além disso, o provinciano e o pudico combinavam de toda forma com os conteúdos stalinistas. Grosseria e brutalidade eram até necessárias para as represálias, que precisavam acontecer diariamente, para intimidar as pessoas e colocá-las sob tutela. Também depois na sua forma pós-stalinista, o socialismo permaneceu até o fim nacionalista, provinciano, grosseiro e travado. E hostil, não só por motivos ideológicos, como também por causa da estupidez de seus funcionários. Incompetência e poder resultam em uma grave mistura. Atrás de cada porta do Estado estava sentado um zero à esquerda bem polido, com distintivos do partido na lapela, penduricalhos de ouro no dedo e tons de comando na boca. O tipo de funcionário socialista realmente era, da cabeça aos pés, repugnante. Eles humilharam-me com tanta frequência que eu os desprezava. Este tipo deve ser condicionado no conteúdo, pois hoje, 25 anos depois, quando aparece na televisão o congresso do partido chinês ou a duma russa, vejo esses mesmos tipos nos menores detalhes. A pobreza arrogante dos funcionários comunistas nos mais distantes cantos do mundo, sua linguagem corporal é a mesma, assim como aquele porte entre o ensebado e o grosseiro. Independentemente se são asiáticos, europeus ou sul-americanos, parecem ter saído da mesma academia do exército.

Voltando às tarefas dos homens e das mulheres, acho que a sova das crianças também era dividida. Os homens batiam nos filhos, as mulheres batiam nas filhas. Meu pai nunca me bateu, não porque ele era manso, mas porque essa era a tarefa de minha mãe. Também a sova tinha suas leis não escritas, para ter mais resultado, talvez a humilhação precisasse de uma intimidade perturbante. O pai batendo no filho humilha de uma forma diferente da mãe fazendo o mesmo. E também quando a mãe bate na filha, isso machuca de uma forma diferente do que o pai fazendo o mesmo.

As roupas do socialismo

A senhora começou a escrever a partir de uma situação existencial, a senhora não via mais saída e tentou encontrar nas frases o apoio que não existia mais na sua vida.

Foram duas situações que se encontraram: na fábrica, as chicanas por parte do serviço secreto tornaram-se cada vez mais insuportáveis e, no vilarejo, meu pai estava gravemente doente e acabou morrendo algumas semanas depois. Ele passou a última semana na cidade, no lar de idosos distrital, diagonalmente oposto ao bloco onde eu morava. Visitava-o todos os dias e observava seu corpo desaparecendo, cada dia ele parecia mais um pássaro de bico branco. No derreter de seu corpo, aparecia de novo todo o vilarejo com seu material calado e triste. Apesar de a relação com meu pai – se é que foi uma relação – ser composta de conflitos irreconciliáveis, carreguei sua morte comigo por muito tempo. Ela não me causou tanto sofrimento, mas tormento, o que é diferente. Com as chicanas diárias por parte da direção e do serviço secreto, a infância impunha-se cada vez mais. Talvez eu quisesse ou precisasse me distrair com outros pensamentos, com os tempos passados, já que o atual não tinha saída. Os tempos no vilarejo não me davam sossego, eu tinha no crânio um espelho interior, no qual todo o vilarejo estremecia. Precisava sempre perguntar-me confusamente, pois o antes e o agora não se deixavam separar. Por que estou aqui nesta fábrica, o que sou aqui na verdade, por que estou à mercê dessa arbitrariedade? Também me perguntava, depois de tantos anos, depois do ginásio, do estudo na cidade, quanto do vilarejo estava dentro de mim. Eram costumes meus do vilarejo, como observar plantas nos jardins e parques e dividi-las naquelas que ficaram do meu lado, por exemplo, o álamo, a bétula, o flox e a dália, e nas que desertaram para o Estado, como a tuia, o buxo, os cravos vermelhos e os gladíolos. E era um costume meu, da época do vilarejo, procurar trevos de quatro folhas quando andava da fábrica para casa, nas pequenas ruas, à beira do caminho. Em nenhum momento achava que ele traria sorte e que a situação mudaria. Estava claro para mim que a sorte do trevo de quatro folhas começa e termina no momento em que o encontramos, e nada mais. Mesmo assim eu o procurava. Não eram apenas as chicanas, mas também a solidão. Talvez o vilarejo não tenha voltado só por causa da morte de meu pai, mas sobretudo por causa da minha grande solidão na fábrica. A solidão não é um efeito colateral, mas a intenção do serviço secreto. Quando alguém é perseguido, medo e solidão pertencem um ao outro. A pessoa é evitada, os colegas desviam-se pois não querem ser vistos com ela, por medo de também caírem na mira. Isso machuca, a pessoa não é boa o suficiente para os outros. Ela é chicaneada por cima e discriminada por baixo. Resumindo, quanto mais chicanas, mais solidão. Comecei a escrever de tanta solidão, foi a segunda grande solidão. A primeira foi a solidão do vilarejo, quando ainda não conhecia a palavra *solitário*, pois faltava no dialeto. No caso da segunda solidão, conhecia a palavra do alemão e do romeno, mas para que servia?

A senhora foi expulsa do escritório e passou o dia todo na escada, exposta.

Isso tem um antecedente. Já era o terceiro ano em que eu estava no escritório com quatro contadores. Mas daí a fábrica de tratores e redes de arame começou a reproduzir licenças da Citroën. Contrataram então mais duas senhoras para tradução e abriram uma chamada sala de protocolo, totalmente nova. As duas senhoras, uma para inglês, a outra para francês, eram filhas da *nomenklatura*, sendo que a do inglês era nora do segundo na hierarquia do serviço secreto da cidade.

Tive que me mudar para junto das duas senhoras, na sala de protocolo. No entanto, quando entravam especialistas estrangeiros, eu tinha que sair do escritório até a conversa acabar. E no armário havia um compartimento secreto para os protocolos das reuniões, do qual eu não tinha a chave. As duas senhoras trabalhavam para o serviço secreto, disso não havia dúvida. Eu não entendia no começo por que me forçaram a ficar na sala com elas. Só quando o serviço secreto me chantageou, compreendi que, já na minha transferência, estavam decididos a me transformar em denunciante. O serviço secreto e a diretoria não podiam imaginar que eu me recusaria. Mas recusei, eu havia sido transferida para aquela sala, entretanto não seria usada para o serviço de protocolo. Pedi inutilmente para voltar para o escritório anterior, precisava desaparecer daquela fábrica. Eles achavam que, se me chicaneassem o bastante, eu iria por conta própria. Dois homens entraram então na sala de protocolo, quando "por acaso" as duas mulheres não estavam presentes. Um eu conhecia, era um tipo pequeno e decrépito, que como engenheiro frequentemente visitava as damas. Tinha uma voz metálica, fazia cumprimentos bajuladores e ria de forma atrevida e exagerada. Como o criado de um convidado importante, ele acompanhava agora um tipo loiro enorme, que se apresentara com seu nome e como capitão do serviço secreto. Agora ele não tinha mais nada de atrevido nem para rir demais, nosso "engenheiro" estava exageradamente cauteloso e submisso. O "visitante loiro" nem era responsável pela fábrica. Funcionários do serviço secreto usavam com frequência nomes falsos, eu descrevi sua aparência para amigos romenos e fiquei sabendo que ele interrogava escritores e, de vez em quando, os espancava. O capitão era do departamento de literatura da central do serviço secreto e, decididamente, não o responsável pela fábrica. E eu pertencia ao círculo limitado do grupo de ação *Banat* e conhecia também músicos de rock e gente do teatro, a cidade era bem transparente. Provavelmente eu deveria espionar não só na fábrica, mas nos meios artísticos. Quando me recusei a escrever a declaração de colaborador inoficial, o capitão disse: "Vamos jogá-la no rio". Esse homem enorme não era assustador só por sua massa corporal, mas também por ter olhos azuis penetrantes, que brilhavam de forma vazia, como *strass*. Quase não havia pupila dentro daqueles olhos. Em algum lugar ela deveria estar, mas não a víamos, talvez ela tenha nadado da frente para trás do globo ocular.

A senhora recusou com as seguintes palavras: "Eu não tenho esse caráter". E isso agravou ainda mais a situação.

O funcionário do serviço secreto não contava com um não, ele fez um cálculo errado a meu respeito e se sentia agora traído por mim. Quando me recusei, depois da palavra *colaborez*, a continuar escrevendo o que o capitão me ditava, ele rasgou a folha e a jogou no chão. Daí ofegou profundamente e, quando acrescentei "não tenho esse caráter", ele praguejou, pegou da mesa o vaso com tulipas e o jogou contra a parede. Como deve ter percebido que precisaria apresentar para o seu chefe o recrutamento frustrado, juntou os pedaços de papel do chão e os colocou na pasta. "Você ainda se arrependerá", disse, indo logo embora, sem se dar ao trabalho nem mesmo de fechar a porta. Era uma fuga. Eu estava –

acho – tranquila, fui buscar, como que ausente de mim mesma, vassoura e pá, e juntei os cacos, como se ficasse tudo resolvido se eles saíssem de lá.

Estava aliviada por o serviço secreto saber agora que eu não aceitaria nada, que não desejaria chance alguma para nada e que não perderia nada, independente do que tirassem de mim. Só como denunciante eu me sentiria roubada por mim mesma, seria a única coisa grave – e isso não aconteceu.

Quando as duas colegas de sala reapareceram, elas sabiam o que tinha acontecido. Consideraram-me uma insana. "Você sabe com quem está brincando?", perguntou uma delas. Disse que poderia ligar para o capitão, se eu mudasse de ideia. Não respondi nada, ela também não esperava uma resposta e afirmou: "Eles vão esmagá-la".

E foi o que tentaram fazer, pois, pouco a pouco, a fábrica tornou-se um inferno.

Cheguei ao trabalho às seis e meia da manhã e o porteiro mandou-me para o diretor. Lá também estavam sentados o secretário do partido e o chefe do sindicato. Ouvi que eu era supérflua, preguiçosa e incompetente. E que deveria procurar outro emprego. A partir de então, esse procedimento acontecia toda manhã, sob ordens do porteiro, eu ia diretamente da entrada para o diretor e era insultada. Antes de poder sair, sempre vinha, com o mesmo teor, a pergunta: "Você achou um emprego?". Daí eu respondia toda vez, com o mesmo teor: "Não procurei nenhum, pois gosto da fábrica e gostaria de ficar aqui até a aposentadoria". Dizia isso com toda a tranquilidade, sem ironia. Para mim era uma satisfação, um pequeno sadismo desajeitado, pois o diretor sempre perdia os nervos.

Então transferiram-me, na condição de funcionária desqualificada, para o departamento de redes de arame. Ele ficava num outro bairro. O diretor achava que eu finalmente pediria demissão. Fiquei umas duas semanas lá, com teares e bobinas de arame grandes como cisternas, nem em sonho alguém deixaria eu me aproximar de um tear. Andava de lá para cá pelo pavilhão, sentindo-me constrangida, pois sabia que não poderia fazer nada ali. Não era minha culpa, mas era constrangedor para mim, as pessoas ali trabalhavam pesado e eu não tinha ideia de como tecer arames, não servia para nada. Um chefe piedoso deu-me sempre uma nova pilha de cadernos para a pauta e etiquetagem das rubricas. Nesses cadernos era anotada a remuneração dos tecelões de arame. Apesar de ficar o tempo todo à toa e só pautar cadernos, ninguém me perguntou como havia parado ali. Não sei se o chefe sabia, se todos sabiam ou ninguém. Tecer arame de empreitada, sem nenhum desleixo, os trabalhadores não davam a mínima para mim. Um dia, o chefe mandou-me de volta para a central. E agora eu estava de novo na sala de protocolo.

Dias depois, cheguei ao escritório e alguém estava sentado na minha mesa, dizendo: "Quando uma pessoa entra num escritório alheio, ela deve bater". Era um engenheiro. Meus dicionários grossos de tradução estavam junto dos cadernos e canetas, do lado de fora, no corredor. Eu não tinha mais sala, mas não podia ir de jeito nenhum para casa, senão poderiam demitir-me por falta injustificada. Naqueles tempos eu precisava ser particularmente correta.

A situação era insuportável e, mesmo assim, a senhora não quis ir embora?

Queria que me dissessem por que eu deveria ir: como você se recusa a trabalhar para o serviço secreto, você não pode ficar mais aqui. Pelo menos isso. Perguntei-lhes por que eram tão covardes, por que não diziam os motivos reais, se o direito estava do lado deles. Por que não admitiam como era importante para eles o serviço secreto ali na fábrica. Por que esse segredo todo, já que poderiam colocar abertamente como condição o trabalho para o serviço secreto, já que é assim. Ou talvez não seja isso, talvez seja ilegal o fato de o serviço secreto se intrometer. Por que se faziam de surdos, quando as palavras "serviço secreto" eram mencionadas – deveria ser um prazer para eles falar sobre os sucessos do serviço secreto. Eles já conheciam meu monólogo absurdo tanto quanto eu conhecia seus insultos, olhavam para mim como que anestesiados e gritavam.

Se eles estavam me colocando para fora, eu tinha que ir, mas queria que os motivos não fossem adulterados, pelo menos isso. Precisava me comportar disciplinadamente, todos os dias, para que não me acusassem de nada. Não podia me atrasar nenhum segundo pela manhã e voltava para minha mesa, enquanto todos os outros prolongavam o intervalo do almoço. Também ia à fábrica mesmo quando não tinha mais um escritório. E precisava permanecer as oito horas, não podia sair um segundo antes.

Depois de ficar sem uma sala, minha amiga Jenny arrumou para mim um canto na sua mesa. No seu escritório estavam desenhistas técnicos, mesas e pranchetas de desenho. Em uma manhã, ela esperou-me na frente da porta e disse que não poderia mais me deixar usar sua mesa, assim como eu não poderia mais entrar em sua sala. Seus colegas teriam lhe dito que eu era uma denunciante.

Pois assim começou o tempo na escada. Para onde devia ir? Precisava permanecer na fábrica, em algum lugar onde me vissem, mostrar minha presença para que não pudessem afirmar que eu não estava lá. O escritório de minha amiga ficava no andar mais alto. Arrumei meus dicionários e cadernos na escada, entre os andares, e não sabia o que fazer. Então sentei-me ao lado das coisas. Acho que isso era importante. Sentei-me sobre meu lenço de bolso, pois a escada era de concreto, fria e suja. E assim continuou, todo dia sentava-me ali sobre meu lenço, como se fosse uma sala em si. O lugar com o lenço era como uma área de propriedade particular. Não estava do lado de fora da escada, mas dentro da escada como numa sala própria. Talvez a sala também estivesse em mim, um escritório de lenço. Até ser demitida, fiquei lá todo dia, as oito horas, com dicionários e cadernos no colo. O pessoal dos escritórios precisava naturalmente usar a escada, que não era tão larga, eles passavam rente a mim, subindo e descendo, seus sapatos batiam antes e depois de passarem, alguns cumprimentavam e outros não, mas ninguém me perguntava nada. E frequentemente eu não estava segura se estar sentada naquela escada era só imaginação, talvez eu não existisse mais na realidade. E às vezes lembrava-me de Veronika e de sua espera por aquele homem desaparecido, pelo vento no portão da rua. Minha amiga, porém, aparecia realmente no intervalo do almoço; como eu não podia entrar mais na sua sala, ela vinha até mim na escada e nós comíamos realmente juntas, mais do que isso ela não podia fazer. Para mim já era muito, o fato de que pelo menos uma pessoa na fábrica confiava em mim e via, em todos os detalhes, como a difamação pode ser terrível. Pois a escada era uma coisa, mas, quando ia lá embaixo no pavilhão para perguntar qualquer coisa aos trabalhadores, eles assobiavam atrás de mim e me xingavam de prostituta do partido e denunciante. Foi a época mais difícil, como explicar para dúzias de pessoas o que estava acontecendo ali? Acusavam-me exatamente daquilo que eu recusara. E para isso haviam ativado denunciantes, bem aqueles que faziam isso, que se tornavam insuspeitos ao me colocarem como suspeita. Como eu não queria ser aquilo, eles me faziam ser o que eles mesmos se tornaram. Jamais teria imaginado tal perfídia, mas ela funcionava. Minha amiga esforçava-se para fazer com que nós duas nos divertíssemos, chamando o chefe de "o visitante loiro". Ele dissera "você se arrependerá", ao deixar o escritório apressado. Não, não me arrependi nunca, nem por um momento. O que fiz naquela época foi e permaneceu certo. Minha suposição de que já chegara bem ao fundo talvez tenha sido certa naqueles dias. Entretanto, desde que a escada se tornou minha sala, a coisa foi piorando cada vez mais. Desde as calúnias, não houve para mim mais medida para baixo, sem fundo.

No terreno da fábrica, gatos vadios viviam entre os canos, rolos de arame, pilhas de madeira e caixotes. Observava-os frequentemente, desde que passei a me sentar na escada. Às vezes traziam uma pomba na boca, às vezes um rato. Eram desgrenhados e magros, mas não tinham inimigos ali na fábrica. Eu os invejava e queria ter trocado de lugar com eles.

A pessoa entrega-se desamparadamente a tal difamação, é impossível opor-se a ela. Só sua amiga sabia disso, caso contrário a senhora estaria totalmente isolada.

Eu gostaria de ter dito para alguns colegas por que as coisas eram assim. Mas para quê? Eles teriam acreditado em mim? Como? Eles não queriam saber nada e nunca perguntaram qualquer coisa. As duas mulheres do protocolo evitavam-me, tinham cuidado ao me encontrar ou me visitar na escada. O que elas poderiam dizer? Talvez tivessem sido questionadas por que eu precisara deixar a sala. No entanto, caso falaram sobre mim com os outros, isso certamente não foi a meu favor. Certamente não mencionaram minha recusa e também não a entenderam. Trabalhar para o serviço secreto era, para elas, a coisa mais natural do mundo. E prejudicar a si mesmo, incompreensível. Elas não eram mal-intencionadas, não consideravam minha recusa uma traição, pois não acreditavam em nada, em nenhum socialismo ou partido. Queriam ascender na *nomenklatura*, era tudo. Assim adquiriam alimentos especiais, médicos especiais, privilégios em todos os departamentos, cosméticos e roupas ocidentais. Eram poupadas da gordura amarela e rançosa no papel de jornal, do álcool adulterado e das roupas cinzas de pó das fábricas de confecção nacionais – isso ficava para a sorte do proletariado.

O "engenheiro" decrépito nem precisava mentir quando fazia elogios às duas damas. Elas eram as mulheres mais belas dos escritórios, bonitas de corpo e com roupas caras. Os filhos da *nomenklatura* casavam-se sempre com mulheres belas, isso fazia parte do status. E sempre funcionava. Para esse tipo de mulher, a beleza era um capital, elas recorriam totalmente à sua beleza e não deixavam escapar um casamento no mundo dos eleitos. As famílias do serviço secreto não se deixavam intimidar, elas faziam tudo para se aproximar de tal homem. O esforço valia para toda a vida.

As mulheres do protocolo não precisavam fazer nada naquela fábrica, sobre suas mesas estavam, no máximo, revistas de moda inglesas e francesas, descrições de máquinas não lhes interessavam. Ninguém tampouco esperava isso delas, as oitos horas na fábrica eram uma espécie de passatempo e ninguém teria a ideia de exigir delas uma tradução. Eu não tinha inveja nenhuma do passatempo das duas, pois sabia que esses privilégios eram uma mistura de beleza física, cálculo material e indiferença política. Também não invejava sua beleza, pois, conhecendo bem, elas não eram incondicionalmente bonitas. As condições não eram, na minha opinião, inocentes, mas indignas. Só tinha inveja de seus sapatos delicados e vestidos elegantes.

Vestidos – um anseio por uma outra vida...

O vestuário no socialismo era realmente um descaramento. Existe no romeno a palavra *ţoale*, que se refere apenas às roupas, ela significa "farrapos", mas soa ainda mais drástica. E essa palavra combina com as roupas do socialismo. Pobreza e medo estavam costurados dentro desse *ţoale*. As lojas de confecção pareciam pilhas de entulho, os materiais de vinil cheiravam a barro, lama, lubrificante e a todos os derivados químicos possíveis. Para cada estação havia, em todo o país, três modelos universais de vestido, saia, blusa, jaqueta e tudo numa cor poeirenta. O corte era ruim, pesado e duro, não servia em corpo algum. Quem comprava algo novo deparava centenas de vezes na rua com suas roupas. Quando eu entrava numa loja de roupas, era tomada por uma tristeza, uma aversão. Tudo parecia ser aquilo que cheirava, e cheirava a vida roubada.

No ginásio, tínhamos saias azul-escuras, blusas azul-claras, fita na cabeça e meias de lã cinza grossas, meias finas e transparentes eram proibidas. Os meninos, ternos azul-escuros e camisas azul-claras. O tecido era reles, gorduroso, eriçado. O pior do uniforme era o número do braço, que precisava estar costurado na parte superior de cada peça de roupa. Ali estavam o nome do ginásio e um número. Cada aluno tinha o seu próprio número. Não éramos anônimos em nenhum lugar da cidade; com base no número, qualquer transeunte podia denunciar-nos à direção da escola ou à polícia. Toda manhã havia uma tropa de inspetores no portão da escola. Quem tivesse fixado o número do braço com botões de pressão ou com apenas dois ou três alfinetes tornava-se suspeito, pois poderia arrancar o número fora da escola para andar anônimo na cidade. A pessoa era mandada de novo para casa, se algo não estivesse em ordem com o número. Se voltasse de novo com o número devidamente costurado, ela teria perdido algumas horas de aula injustificadamente. Com várias faltas injustificadas, recebia uma nota ruim de "comportamento". Era uma rubrica importante no boletim, pois apontava desobediência. No caso de desobediência demasiada, o aluno perdia a matrícula. Havia as mesmas chicanas com o corte de cabelo dos meninos, que precisava ser curto o bastante, assim como as saias das meninas deviam ser suficientemente longas – até os joelhos. As duas coisas eram medidas de manhã, no portão, com régua.

Pode-se dizer que o regime agia diretamente sobre o indivíduo através de chicanas e repressão, mas indiretamente sobre todos, através da feiura prescrita?

Esta feiura onipresente era a única igualdade no socialismo. E ela era intencional, fazia parte do programa da ditadura. Ficávamos cansados de viver frente aos objetos fabricados no socialismo: casas de concreto, móveis, cortinas, louças, os canteiros dos parques, cartazes, monumentos, vitrines. Como se todo o material, independentemente se cimento, madeira, vidro, porcelana ou mesmo ramos, fosse bruto e ordinário, como se não pudéssemos fazer nada de bonito com ele. Como se a matéria nesse país pulasse, por si mesma, para o Estado, de acordo com a vontade do regime. A igualdade feia oprime nosso espírito, nos torna apáticos e despretensiosos – é o que queria o Estado. Nosso espírito pesado era ideal para o socialismo, pois alegria de viver torna as pessoas espontâneas, imprevisíveis. Miséria nos faz feios. Em vez de carne, o Estado nos dava detritos, pés de porco com cascos, que as pessoas chamavam de tênis, ou pés de galinha com garras e cabeças de galinha, que eram molhados com água e congelados em blocos de gelo roxos e pesados. Eles eram cortados com o machado em porções e pesados. As pessoas os carregavam com as mãos expostas, naquela miséria, nem um lenço de bolso ajudava. O gelo pingava no caminho, como se cães marcassem seus territórios com urina ensanguentada. E para esse lixo as pessoas ficavam horas na fila.

Acho que os restos de dignidade humana, os momentos mais sinceros do dia a dia, eram as piadas: "O que significa, se a vizinha toca a campainha da porta? Que ela quer um ovo emprestado. E se ela bate na porta? Ela traz os ossos da sopa de volta".

Sim, eu conhecia da infância a tristeza do vilarejo e escapei dela só aparentemente. Quando comecei a me acostumar com a cidade e a ver as coisas de um jeito melhor, ela voltou ou continuou. E o correspondente a essa tristeza do vilarejo era a feiura produzida de forma planejada, distribuída igualmente por toda parte na cidade. Socialismo significa expulsão da beleza.

Logo depois da virada,* vi que a feiura planejada correspondia a toda Europa do Leste. Na Polônia, República Tcheca, Letônia, Eslovênia ou Bulgária, na cidade grande ou num buraco qualquer, em toda parte havia as mesmas vitrines das lojas degradadas da Romênia – guardanapos de papel amarelados com margem de molde perfurado, colocados diagonalmente um ao lado do outro, de modo que uma ponta fica pendurada para baixo, e, arranjadas em cima deles, garrafas de suco de fruta empoeiradas; dos dois lados da vitrine, cortinas marrom-amareladas e por cima de tudo excremento de mosca. Essa é a vitrine miserável da Europa do Leste de antigamente. Como pode ser coincidência? É a vitrine original do Leste, que me fazia sentir, em todas as lojas, um pouco em casa. Uma vitrine assim é um sentimento de vida. Ela é deprimente e transfere todo dia sua depressão para todos que passam por ali. Mesmo quando olham para ela irrefletidamente, já têm essa vitrine na sua alma. A vitrine original e o sentimento de pátria a ela pertencente nunca foram inseridos nos livros de ilustração dos ideólogos da agremiação dos banatos.

Acho que beleza dá um apoio, protege ou poupa a pessoa. O feio torna todo ambiente áspero, não nos sentimos em casa ali. Quando falta de todo beleza por muito tempo, cresce uma melancolia. As pessoas tornam-se totalmente defensivas e brutas. Essas são características aparentemente bem distintas, mas ambas se revelam na brutalização e pulam confusamente na mesma pessoa. Talvez a pessoa consiga manter seu equilíbrio apenas na mistura

---

* Aqui a autora emprega a palavra *Wende*, usada no contexto da reunificação da Alemanha e que significa "virada", "reviravolta", "transformação". (N. T.)

imprevisível das duas. Assim como existe a mistura de ausência e êxtase. De toda forma, acho que todas as características estavam havia muito tempo distorcidas pela falta de perspectiva na qual as pessoas precisavam viver. Elas acentuavam-se em direção a psicoses, criavam espaço e desapareciam como quisessem. Para nada mais se precisava de um motivo especial, também em mim todos os estados estavam à espreita, de forma latente. Fui surpreendida por minhas próprias sensações.

A senhora disse anteriormente que a beleza das frases lhe era um apoio, agora a senhora estende essa ideia para o geral. A senhora vê uma ligação entre a necessidade de beleza na vida e a procura por uma frase bem-sucedida?

Sim, pensava ao longo do dia em imagens, imagens de pensamento. Tinha me acostumado a observar, para me proteger, talvez também de mim mesma. Como funcionava, tornou-se um costume. Orientava-me para fora, para não perder o equilíbrio por dentro, para não voltar a cair sobre mim mesma. Era uma ocupação enquanto caminhava pelas ruas, independente do lugar, e enquanto esperava. E até hoje sei que distração funciona sobretudo através da observação exata. Observar precisamente significa partir. Os detalhes crescem tanto que o inteiro desaparece. Isso resultava, sem querer, em um tema. Por exemplo, sinais de nascença. Eu os contava no rosto, no pescoço dos transeuntes, quanto mais me ocupava com eles, mais eles pareciam pedregulhos ali crescidos. Ou bengalas como varas de baunilha. Ou gorros de pele como cães carregados na cabeça. Melancias, braços engessados, eu acrescentava instintivamente uma imagem e ela me acompanhava. Nisso também havia beleza. Estética não é simplesmente um "recurso estilístico", mas substância. Ela determina o conteúdo em todas as coisas e não só a frase no ato de escrever.

Então a linguagem oficial, que só trazia lemas, deve ter sido fisicamente insuportável para a senhora.

Ficava horrorizada com o enfado da linguagem do partido. Era a imbecilização através de peças pré-fabricadas. A língua perdeu literalmente a razão. A pessoa poderia ficar doente, caso se sentasse nas reuniões durante horas. Sentia-me saturada com o mau gosto das palavras, como se precisasse comer tudo aquilo que fosse falado nos eventos. Não conseguia engolir mais.

E da mesma forma surpreendia-me a beleza da linguagem do cotidiano, de suas imagens concisas e mágicas. Como na fábrica eu estava sentada na escada e muitas vezes via os gatos através das janelas, mesmo quando olhava por acaso para fora, ocorria-me com frequência o ditado "na beirada da poça cada gato pula de um jeito". Por muito tempo achei que também pudéssemos dizer: "Sobre a poça cada gato pula de um jeito". O fato de não ser "sobre a poça", mas "na beirada da poça", sugere o caminho do gato até lá. E como a poça aparece inesperadamente em seu caminho, como o gato é surpreendido pela poça e precisa se apressar, ele pula de forma irrefletida e instintivamente diferente. Fazia anos que conhecia esse ditado, desde sempre. Só na escada, porém, percebi que não dizemos de jeito nenhum que o gato pula SOBRE a poça. O SOBRE não aparece aqui. Talvez ele pule para longe da poça, para o lado, à direita ou à esquerda, ou para trás, de onde vem. Parece-me agora, quando revejo todas as variantes, que o gato não pula sobre a poça, pois ele, na beirada da poça, se assusta com seu reflexo na água.

A beleza desse ditado está no não dito, no aproximado. Ela torna-se um paradigma de momentos incontáveis na vida. A beirada da poça está em toda vida e cada um torna-se seu próprio gato de um modo diferente. Quando ouvimos que mais uma vez alguém pulou da janela para a morte, o céu azul também se torna a beirada da poça. Ainda mais quando o morto é um amigo. Quando pensamos na imagem da beirada da poça e do pulo do céu, quando o amigo talvez até mesmo tenha pulado do quarto andar. Havia frequentemente pulos da janela, era o jeito mais fácil de a Securitate encenar o assassinato como suicídio.

Voltando à questão da beleza da frase a partir do não dito. Acho que o não dito é como um leque na frase. Pode-se deixá-lo fechado ou abri-lo amplamente, até caber todo o possível. Para nós na ditadura, o não dito, o aproximado, estava presente por toda parte, pois calar, deturpar, contorcer, encenar, instrumentalizar e perverter pertenciam, até à exaustão, às ferramentas comuns do regime. Tomei consciência da realidade simples e prática dos dias só através das metáforas. Ainda hoje não sei dizer como isso funciona, mas tenho certeza de que era assim. As metáforas arrastaram-me para o mais profundo da realidade. A beleza das frases, o não determinável tornou a percepção tão precisa que era possível suportá-la. A exatidão não era apresentada para você na frase, mas ela surgia pouco a pouco, ou de repente, do improviso.

Não sei se somos ainda mais dependentes da beleza, se a procuramos ainda mais na linguagem particular, quando a linguagem oficial é apenas uma conversa oca e falta totalmente estética aos objetos, quando o pessoal não pode mais aparecer, pois o Estado só consegue controlar os conteúdos através de formulações cunhadas. O feio é realmente fomentado. E a linguagem da ideologia não é apenas medonha, mas também hostil. Ela destrói tudo que encontra. Todos os atos do regime tinham seu lado falado, assim como tudo que era falado também era feito. Formular e torturar serviam-se um do outro. Acho que ouvimos bem as palavras quando sabemos o quanto uma palavra importa. Sempre escutei, procurei o bonito e esperei até ele aparecer. Acho que aprendi a estética e me testei nela. Assim acalmei meus nervos e dominei o medo. Estética aprendida é outra coisa do que estética disponível. Só podemos nos servir dela quando a criamos. Sem critérios objetivos ela existe apenas em casos isolados, recém-descobertos. E precisa ser, para cada novo detalhe, aprendida de novo, do começo.

Também necessitamos da beleza para não nos perdermos. Precisamos tê-la em volta, mas também no próprio rosto. Quando eu era chamada a um interrogatório, maquiava-me de forma particularmente cuidadosa. Era tão importante, pois mostrava a mim mesma que ainda não me tornara indiferente. E o interrogador deveria ver que eu não estava me descuidando. Também vestia as minhas coisas mais lindas. Era estranho, pois me enfeitava ao mesmo tempo em que tinha o temor de não poder voltar para casa à noite. A prisão era embaixo dos escritórios – isso não era boato, dois de meus amigos já haviam ficado uma semana lá embaixo, em prisão preventiva. Estava então perfeitamente maquiada, bem vestida e, em caso de emergência, trazia na bolsa uma pequena toalha, pasta e escova de dente. Tudo isso fazia parte de cada interrogatório. Quando podia voltar à noite para casa, eu era libertada. Sentia os caminhos andarem embaixo de mim e as plantas respirando nos jardins à frente. As dálias eram as mais lindas, trapeadas em torno de si, com suas rosetas em círculos concêntricos, e no meio do umbigo. Depois do interrogatório, a cabeça estava confusa, sentia o cérebro doendo. Se fechasse os olhos ao andar, achava que eles iam cair na minha boca e meus pés eram como que emprestados. E o trajeto para casa também era como que emprestado. Para mim, era como se as dálias me vissem no caminho, me esperassem e me mostrassem como podemos nos acalmar.

Por um lado, sabia exatamente que dálias são apenas dálias, que elas não me veem e não mostram nada além das rosetas. Para as dálias eu não importava nada e apesar disso elas me ajudavam. Pois para mim elas importavam. No caminho do interrogatório para casa, frequentemente eu estava tão próxima das plantas como na época do vale do rio. Achava que, no caminho do interrogatório para casa, as plantas sabiam melhor do que eu como funcionava a vida.

Uma vez, o interrogador me deu medo por causa de uma frase fora do comum, era uma ameaça de morte poética. Ele disse: "Quem se veste de forma limpa não pode chegar sujo ao céu". Bonita e ameaçadora, tal frase prende-se na gente para sempre.

Para mim, até hoje a beleza tem algo de repentino, algo que não existiria se eu não tivesse apanhado o momento adequado. Não sei como dizer isto, mas não conheço nenhuma estética que venha do disponível, mas só aquela da necessidade exterior e interior. Por isso é difícil para mim falar de arte. O feio não precisava de mim para ser feio, ele estava instalado e pronto, era poderoso e irreversível. O bonito, entretanto, precisava de mim para ser bonito. Carregávamos conosco o belo, separadamente. Foi volátil e perturbador dentro de nós. Ligeiro e apressado, pois o medo, acho, nunca é devagar. A beleza sempre teve um pouco de medo e acelerou o pulso. Também a beleza na frase.

Como a senhora não quer separar a estética na literatura da estética no cotidiano, a senhora pelo menos afirmaria que tem um olhar especial sobre o mundo? A criança do vilarejo está à beira do mar e vê o maior gramado liso de agrião-do-prado, um prado cheio a ponto de transbordar.

É difícil falar sobre o escrever. Mas não é necessário falar disso, não ajuda absolutamente nada o escrever, quando falamos dele. Não tenho certeza nenhuma de que está correto, quando digo algo sobre o escrever. Independentemente do que digo, preciso de um monte de palavras, que para escrever estariam totalmente fora de questão. Quando falo sobre o escrever, encontro-me no geral e emprego categorias e conceitos. Isso não existe no escrever. E o que existe no escrever não está à minha disposição fora do processo de escrever. Não posso falar assim como escrevo. Se tentasse, seria arrogante.

A senhora relaciona o ato de escrever também com o de silenciar; nos dois casos precisamos resolver, com nós mesmos, aquilo que vamos carregar conosco. A senhora diz conhecer só do Ocidente a ideia de que falar destrincha os emaranhados.

Sim, escrever tem a ver com silenciar, mas não com falar. As frases dizem naturalmente alguma coisa, mas isso nós resolvemos com nós mesmos, temos cumplicidade com o silenciar, não com o falar. Jamais teria dito a alguém que o mar é o maior gramado e a espuma de água, a cardamina. Também não teria dito isso para mim mesma. Está certo, eu poderia ter pensado isso, mas e daí? Não teria sido nada especial. Teria me vindo brevemente, eu não teria percebido. Mas tudo muda quando escrevo. Neste caso não preciso dizer com a boca. Quando escrevo, as palavras fazem o que oralmente me envergonharia.

Conheço de minha infância o estar junto e silenciar, trabalhar em conjunto no campo e silenciar, ou silenciar junto à mesa, durante a comida. Quando era criança, disseram-me que não se devia falar ao comer. Já na cidade, falava-se mais e, pela primeira vez, encontrei pessoas que falavam de si mesmas, mesmo se as conhecesse pouco. Não era nada estranho uma pessoa contar no bonde sobre sua doença ou o que compraria em breve ou o que cozinharia naquele dia. Eram monólogos sem objetivo, falar para aliviar-se. Quando cheguei à Alemanha, espantou-me como era raro conversar no compartimento do trem. Não perdemos os outros de vista, mas não queremos que eles percebam isso. No aperto, porém, sentimos os olhares que nos apalpam.

As pessoas no Ocidente falam calculadamente. Hoje em dia, muitos dizem apenas "comunicar". Para mim, isso soa como se estivéssemos em um pódio ou congresso. É o falar programado. Mas aqui muitos acham que falar sempre ajuda e que se deve falar sobre tudo. E dizem que, enquanto um fala com o outro, não há guerra. Não acredito nisso. Através da fala, as pessoas podem tornar-se inimigas, instigar uma contra a outra. Conflitos são tanto tramados como atenuados através de palavras. E a instigação funciona mais rapidamente – entre pessoas particulares isso não é diferente do que entre Estados. Além disso, existem conflitos tanto na privacidade como no Estado, sobre os quais não se pode, ou nem se quer, ignorar quando falamos. São atitudes, princípios, valores, aos quais não se pode renunciar.

O que é feito decide sobre o que é dito. E o contrário também é exatamente assim. E tudo junto decide sobre o que será alcançado, se você destrói ou se você conserva. Mas é possível calcular isso antes? E fica claro depois? Ser culpado e ter direito possuem sempre variantes diversas, e isso em todas as áreas. Em ditaduras, trata-se de ser culpado, a pessoa é inundada com a culpa inventada. Ter direito não existe, é só para o Estado.

Se reflito sobre alguma coisa, falo comigo mesma na cabeça e não preciso de palavras. Acho que falo comigo mesma de forma totalmente diferente de palavras que falam comigo. O que falo para mim não consigo reproduzir em palavras. Visto por fora, isso não é nada mais do que silenciar.

Nunca consegui acreditar no fato de que falar colocaria o mundo em ordem. Pois sabia de mim que, independentemente de quanto eu falo com alguém, as coisas que são contra a minha vida não mudam. Bem, sem ditadura o falar tem uma chance maior, ele fica a seu critério e não é continuamente instrumentalizado. Em uma ditadura, dois terços da vida tornam-se impossíveis e você não pode mudar, nada depende de você. E o terço restante, o particular, é ocupado pela tortura. O íntimo tenta salvar-se, mas as relações são enfraquecidas pela imundice política. A amizade torna-se cara e difícil, o amor desmorona, os nervos enlouquecem. Com que frequência vivenciamos tudo isso.

Também no caso dos interrogatórios trata-se da fala, exclusivamente da fala. Mas com quem eu falei? O cara atrás da mesa tinha também só dois sapatos como eu, mas não era uma pessoa, era um aparato, um regime, todo um Estado. Ele determinou quando e sobre o que eu falaria e por quanto tempo.

Ser interrogado significa precisar falar. Esse é um lado. O outro é que, no dia a dia, eu não queria falar com muitas pessoas. Eu as desprezava. Elas aprontavam coisas graves, viviam tão mesquinhamente, comportavam-se de forma tão grosseira e submissa que eu não queria ter nada a ver com elas, eu não conseguia falar com elas. Aliás, elas também não falavam comigo.

A liberdade deixa as pessoas distraídas, e isso é uma sorte. Você não tem um adversário contra quem precisa sempre se impor, mesmo que às vezes de forma só latente. Em um mundo totalitário, centenas de coisas acontecem-lhe permanentemente. Você está sempre em movimento, liga o cérebro, pensa, ordena o todo, tira conclusões, reage – e você precisa reagir de imediato –, atira-se numa variante, decide de forma momentânea, você tem uma imagem interior sua e sabe o que espera de si.

Se tivesse assinado na fábrica, por medo de ameaças, o recrutamento da Securitate, eu seria a partir daquele momento uma outra pessoa, uma pessoa contra mim mesma. Minha imagem interior teria me castigado – ou então, como devo explicar, eu não teria conseguido mais lidar comigo mesma. Teria me feito acusações, com as quais seria impossível viver. E isso não tem nada a ver com coragem.

Também no escrever pesamos o dizer e o silenciar, e os dois permanecem unidos um com o outro. Mencionar e deixar de lado é um labirinto só. Mais do que no conteúdo, as palavras produzem, como compasso e som, sua própria necessidade. E formular é ao mesmo tempo fascinação e exaustão. Frequentemente eu não estava à altura desse estado. Há épocas em que não tenho nervos para escrever. Não consigo trabalhar em nada. Não consigo suportar o que as frases decidem. Nunca falei sobre uma crise. Pelo contrário, é uma satisfação deixar o escrever o mais longo tempo possível fora de minha vida.

Sua linguagem é intensamente marcada pelo romeno, a senhora descreve-o como "sensual, atrevido e supreendentemente belo". A senhora não escreve em romeno, mas este a observa permanentemente por cima dos ombros.

Sim, o romeno escreve junto. Sem dúvida foi decisivo o fato de tê-lo aprendido tão tarde. Não havia nenhum romeno no vilarejo, a escola era em alemão. Tínhamos romeno umas três vezes por semana como língua estrangeira, fora dessas aulas ninguém falava romeno. Eu tinha quinze anos quando fui para a cidade. O ginásio era em alemão, mas fora da aula falava-se por toda parte só romeno. As ruas, as lojas, as repartições públicas, os transeuntes, a cidade toda falava romeno. Eu falava o menos possível e escutava, sempre que podia, as palavras. Os suaves ditongos e tritongos como *toate* – "todos" – e *oaie* – "ovelha" – não existiam em alemão. Gostava tanto de pronunciar as palavras, elas eram tão lindas na boca e as achava, como devo explicar, saborosas esteticamente. Tive o desejo de aprender a língua já pelo prático motivo de me orientar. No dia a dia da cidade, estávamos embalados pelo romeno. Quanto mais escutava a língua, mais me agradavam as metáforas, as expressões idiomáticas, as longas e dramáticas maldições, as muitas nuances do diminutivo, do cínico ao sentimental, a superstição.

Quando aparece uma estrela cadente, os alemães devem fazer um desejo, enquanto os romenos dizem que alguém morreu. Ou o faisão: o faisão é um pássaro que não consegue voar bem, que se emaranha no matagal e se torna uma presa fácil. Tudo isso está dentro do ditado romeno: "O homem é um grande faisão no mundo". Também o homem é uma presa fácil, que não consegue se impor, que paga um preço alto demais e não está à altura da vida. No alemão, porém, o faisão é um presunçoso. O alemão fez do exterior do pássaro uma expressão idiomática, já o romeno, sua existência. O triste faisão romeno está mais próximo de mim. Por isso um dos meus livros leva o título *O homem é um grande faisão no mundo*.

O mesmo acontecia comigo no caso dos nomes de plantas. O lírio se chama em romeno "pequena lágrima". Então, quando observo a flor, as pétalas estão tão dispostas como lágrimas que rolam pela face. E lágrimas fazem as plantas mais bonitas do que sininhos.* Ou "sinal de nascença" em romeno, que se chama "pequena avelã". E a palavra *minte*, que significa tanto "razão" como "mentir". "Cordão", *şiret*, é ao mesmo tempo "esperto". E *coasta*, que pode ser "costa"** ou "costela". Ou o ditado "picar hortelã", que significa "matar o tempo". As comparações estavam sempre lá.

Ambas as línguas olharam para as que foram aprendidas depois – a língua materna e a língua oficial. Refiro-me à língua falada, que pertencia às pessoas, e não à língua cimentada e sombria do Estado. Esta era impossível de suportar.

Provou-se, frequentemente, que a língua romena corresponde mais ao meu natural do que o alemão que carrego na cabeça, que seu sentimento de vida combina mais comigo. E ainda havia entre elas o dialeto suábio, o alemão do vilarejo. Bem, o meu olhar alemão do vilarejo teve que se transformar muito com o romeno – por sorte. Levaram-se anos, mas um dia o romeno se tornou para mim tão familiar, como se todo o ambiente tivesse aprendido a língua para mim ou como se a língua tivesse se aconchegado.

---

* Em alemão, lírios são *Maiglöckchen*, cuja tradução literal seria "sininhos de maio". (N. T.)
** Aqui no sentido de "costa marítima". (N. T.)

Adaptei-me totalmente à língua e não pensava mais em alemão quando falava romeno.

Hoje não é mais assim, infelizmente. Faz vinte anos que raramente falo romeno, muitas palavras me escapam. Preciso agarrar aquilo que lembro e falo entre lacunas. É uma pena. Por outro lado, o dialeto suábio, ou seja, a primeira de todas as línguas, fica colada no cérebro, independentemente do tempo sem falar, até hoje não me esqueci de nenhuma palavra. Gostaria muito de trocá-las, guardar o romeno e esquecer o dialeto, mas como? Mesmo querendo, o romeno nunca se tornou língua materna para mim. Também não teria conseguido escrever em romeno. Faltava-me o decisivo, mesmo sem saber o que ele é.

As palavras, no entanto, não são apenas letras, elas formam uma imagem na cabeça. Pode-se esquecer as palavras, mas as imagens cresceram na cabeça e permanecem lá. Também a palavra alemã *Maiglöckchen* tem a imagem da palavra romena. Vejo para sempre na planta pequenas lágrimas, a imagem não depende da palavra romena. Não importa quantas palavras escaparam de mim, o romeno escreve inalteradamente sempre junto.

Acrescentaram-se ao outro olhar o outro som, o outro ritmo, a outra rima, sobretudo na música, e as canções tinham uma outra gramática dos sentimentos.

Através do romeno apareceu também a música. Eu conhecia músicos de rock, que arranjavam discos assim como nós arranjávamos livros, eles queriam saber o que acontecia em outros países do ponto de vista musical. Quando eles compunham, trabalhavam muito com o folclore autêntico. O folclore romeno é maravilhoso. Maria Tănase é só um exemplo, pois há também os coros de homens idosos, que nos dão arrepios. Há a distribuição da *doina*, uma canção básica dos romenos, na qual os estados de espírito são categorizados: a *doina* do sofrimento, a *doina* da felicidade. Do nascimento à morte existe uma vida toda de canções e todas elas são poéticas, sem clichês. Onde estamos, quando cantamos "quero beber seus olhos de um copo de quartzo"? Estamos na lírica, na melhor lírica. Eu conhecia a música popular alemã do vilarejo, a música de sopro, essa bateção dura da polca, que não significava nada para mim já quando criança. Ela não entrava nos meus pés nem no meu espírito.

Está certo, assim como a língua oficial, também havia no romeno o folclore estatal confeccionado, burro, grosseiro e vazio. A música popular autêntica, poética, era probida nas mídias estatais, pois, ao louvar a felicidade e o sofrimento, sempre dizia respeito à pessoa individual, arriscando tudo. O regime não podia permitir tais conteúdos. O folclore real era subversivo por sua autenticidade. Por isso o Estado criou um folclore ideológico. Era o folclore socialista, música popular com elogio ao partido e coros de operários. Este *kitsch* partidário sanfoninava da televisão e tocava por aí nas festas oficiais e feriados nacionais. Também saía toda manhã, e nos intervalos do almoço, dos alto-falantes do pátio da fábrica. Ecoava por todo o terreno da fábrica. Na escuridão das manhãs, os alto-falantes nos torturavam com melodias retumbantes e textos mentirosos. Isso pressionava a cabeça, o pátio da fábrica cambaleava e eu o atravessava como se o chão pisasse em mim por trás de meus joelhos.

Quando comíamos, mastigávamos, querendo ou não, no compasso da música. Eu sabia quem escolhia a música diária, um dos quatro contadores de meu primeiro escritório. Ele era um velho comunista húngaro e o primeiro a chegar de manhã à fábrica. Tinha ao lado do escritório um cubículo, que parecia um pequeno galpão de coelhos. Nós todos comíamos no escritório, mas ele comia no cubículo entre os cassetes. Ele tinha pedras no rim e frequentemente comia no escritório, atormentado, com um rosto

Minha pátria era um caroço de maçã   77

verde-acinzentado. Era um masoquista, pois nem mesmo naqueles dias negligenciava a música.

Os romenos sempre tiveram uma relação estreita com a música; se estão juntos em algum lugar, sai música imediatamente. Cantaram na Praça da Revolução em 1989; as canções são comoventes, sua música e suas letras.

No caso de nós, alemães, o nazismo destruiu tanta coisa que não temos mais ligação. Quando a coisa está tão quebrada, ela não se torna mais inteira. O folclore alemão não desempenha nenhum papel no dia a dia. Há ali uma lacuna, um vazio profundo, profundo. Para cantar, entretanto, precisamos de naturalidade. Hoje estamos do outro lado, mas nossas canções estão lá, onde eram esbravejadas por Hitler, pela Guerra, pelo crime. Não podia suportar as canções do meu pai. Quando ele cantava "a avelã é castanho--escura", o castanho-escura ganhava um sentido bem diferente. Os alemães como o povo dos poetas e pensadores, essa ideia arrogante e ridícula.

É verdade, os romenos também eram fascistas e eles negam seus crimes até hoje. Eles têm duas ditaduras nas costas, mas seu folclore é tão pertinaz e tão drástico na sua poesia que ele não era apropriado para ditaduras. Ele não conseguiu ser enquadrado em nenhum processo de alinhamento, nem no fascismo nem no socialismo. Por isso teve que ser proibido. Foi posto de lado pelo Estado, mas ouvido secretamente. A proibição tornou-o privado e íntimo. O homem traz canções na cabeça, as assobia e cantarola, e até pode cantá-las silenciosamente na própria boca. Sei disso por causa da fábrica, onde as pessoas tinham suas canções. Também a caminho do interrogatório eu as cantarolava no ritmo dos passos. Tinha tanto medo antes de chegar e precisava ir. Uma canção assim na cabeça era um esconderijo, um belo esconderijo portátil.

Quanto à sua língua, aquela que a senhora ouviu na sua infância, a marcou? Há tantos pequenos diálogos ou expressões, que são literários, cheios de humor negro, surpreendentes, certeiros. "Sim, quando as bandeiras esvoaçam, a razão escorrega pelo trompete", disse o avô uma vez, só para dar um exemplo.

O que é o literário? O literário não é nada de extraordinário, que não aparece em nenhum outro lugar. Ele aparece por toda parte, no folclore, nos ditados e expressões idiomáticas, nas imagens da superstição. Toda língua está cheia de metáforas. Senão como chegaríamos a formações de palavras como *Augapfel*,* *Landzunge*** e *mutterseelenallein*?*** Não foram os escritores que criaram o poético. Imagino que cada uma de nossas metáforas foi dita algum dia por alguém, por acaso ou intencionalmente. E um outro empregou-a tantas vezes que ela acabou se impondo. Milhares de metáforas, que usamos por força do hábito, sem perceber que são poéticas.

Meu avô arranjou essa frase em algum lugar, talvez ele mesmo tenha tido a ideia. Isso não significa que meu avô era altamente poético. A frase habitual de minha avó "não leve seu pensamento para onde é proibido" também é poética. Por isso tornou-se marcante. Não é preciso conhecer a palavra "poético" para sentir uma urgência poética. Naquela época, como criança, nem sabia que havia literatura, mas essa frase mexia comigo.

É muito marcante. O pano de fundo é o fato de seu tio ter se tornado na escola um nazista entusiasmado – impossível exprimir de forma mais apurada a extinção do próprio pensamento no barulho da propaganda.

---

* *Augapfel* significa "globo ocular". A tradução literal é "maçã do olho". (N. T.)
** A tradução literal de *Landzunge* ("faixa de terra") é "língua de terra". (N. T.)
*** *Mutterseelenallein* ("completamente sozinho") pode ser traduzida literalmente como "sozinho como alma de mãe". (N. T.)

A frase com as bandeiras esvoaçando e a razão no trompete meu avô não disse em dialeto, mas no alemão oficial. Talvez ele tenha citado a frase ou formulado no alemão oficial para destacar o seu conteúdo. Ele havia estado na Primeira Guerra e seu filho, na Segunda. A frase trata de sujeição e fanatismo, e ambas as coisas correspondem ao seu filho.

Ele havia tombado na guerra, mas continuava existindo em casa. Era um fantasma. Sua penúltima foto estava pendurada na parede. Meu avô tingiu de escuro com as pontas de fósforo queimado as runas no uniforme nazista, mas elas continuaram a transluzir. E na gaveta, dentro do livro de orações de minha avó, estava a última foto, que era um pouco maior que uma caixa de fósforos. Ela viera do *front*. Um pano branco sobre um campo vazio e no meio do pano algo escuro – era o seu filho, que havia sido dilacerado por uma mina. Fui algumas vezes àquela gaveta e, escondida, vi a foto. Fascinou-me e arrepiou-me o fato de que a mancha escura sobre o pano branco era o meu tio morto.

Num outro quarto estava o acordeão dele. E a *Brockhaus* e o livro do doutor também eram dele, sobraram de sua biblioteca. Ele fez por um tempo uma formação como comerciante e lá se tornou um nazista impetuoso. No vilarejo, bancava o ideólogo sênior, fazendo discursos e denunciando pessoas que não queriam se alistar para a Guerra. Ele ganhara como soldado um escritório no exército romeno, mas queria lutar por Hitler e por isso se alistou voluntariamente na ss.

Minha avó contava da biblioteca dele. Que depois da Guerra os russos chegaram ao vilarejo, foram de casa em casa e espalharam terror. Que ela, como mulher, ficara totalmente sozinha em casa, pois meu avô fora internado como "explorador do povo" num campo do outro lado do país e minha mãe, deportada para o trabalho forçado na Rússia. Minha avó dizia que uma parte daquela biblioteca certamente era de livros de Hitler, mas quais? Que ela não teria tempo de organizar os livros, pois isso duraria dias. E que ela não saberia dizer com certeza de nenhum livro se era inofensivo ou perigoso. Os russos eram cruéis e impiedosos – afirmava –, não dá para matar por causa de livros. Por medo, ela queimou no forno todos os livros, fileira por fileira.

O forno era um quadrado emparedado no canto da cozinha, mas sua porta ficava dentro de uma câmara. Aquecia-se de lá, com grandes caules de milho. Podíamos sentar em volta da parede do forno e aquecer as costas. Também era possível subir no forno, ele era tão largo como uma cama de casal, e até três pessoas podiam dormir em cima dele. Toda semana assávamos pão ali.

A foto na parede, a foto no livro de orações, o forno, a *Brockhaus* e o livro do doutor – tudo tinha a ver com o tio morto. Mas sobretudo aquele acordeão horroroso. O estojo do acordeão estava coberto com um pano branco, como se fosse o mesmo da foto da morte, dentro do livro de orações. O acordeão ficava no quarto mais escuro, no qual raramente entrávamos. Quando entrava ali, o pano branco brilhava como um altar. O acordeão era uma relíquia.

Então minha mãe decidiu que eu deveria aprender a tocar acordeão. Precisava ir à aula duas vezes por semana. O professor era tão velho como meu avô e chamava-se Wastl. Ele morava longe e eu atravessava o vilarejo inteiro com o acordeão nas costas. Ao chegar lá, a vara já estava em cima da mesa. Quando tocava errado, ele me batia no dedo. Quanto mais vezes ele batia, mais vezes eu tocava errado. Eu tocava "Muss i denn zum Städtele hinaus", "Kornblumenblau" ou "O wie wohl ist mir am Abend".* Tocava errado e chorava ao mesmo tempo. Ele dizia que teria que ficar sentada ali e treinar, até que tocasse sem errar. Deixava-me sozinha e

---

* Canções populares alemãs, que podem ser traduzidas como "Então preciso deixar o vilarejo", "Centáurea-azul" e "Oh, como me sinto bem à noite". (N. T.)

eu o via trabalhando no jardim. Ele ficava duas, três horas fora ou vinha às vezes controlar se eu estava treinando, para sair de novo. E eu ficava lá, grudada num acordeão. Emitia chiados por aquelas canções, olhava no ar e escutava o tique-taque do relógio, em vez de exercitar. Precisava escapar daquilo, então comecei a adiantar o relógio, para que o tempo corresse mais rápido. Comecei com dez minutos, mas, como não resultava em nada, precisava dar mais um empurrãozinho. Cheguei a adiantá-lo uma hora. Pensava que, um dia, ele acreditaria no relógio e me deixaria ir.

Ele percebeu, naturalmente, que o relógio se adiantava sempre que eu tinha aula de acordeão. E vingou-se por isso. Colocou uma nota de dinheiro amarrotada embaixo da mesa. E eu pensei que, se alguém tivesse perdido aquela nota, eu poderia pegá-la. Afinal, eu a achei, mesmo que ela não estivesse no meio da rua. Dez *lei*, com os quais podia comprar uns bombons. Peguei a nota dourada, alisei-a, dobrei-a para ficar bem fina e escondi na minha meia que ia até o joelho. Assustei-me comigo mesma. Quer dizer, não comigo mesma, mas com o tique-taque do relógio. Eu queria ficar de qualquer jeito com o dinheiro, mas daí puxei-o da meia e coloquei-o de novo amassado embaixo da mesa. Foi uma sorte. Pois, quando minha mãe lhe pagou o dinheiro pelas aulas de acordeão, Wastl queixou-se, dizendo que eu manipulava o relógio, mas pelo menos não roubava.

Não sei mais quanto tempo tive que aprender acordeão. Deve ter sido mais de um ano. Pois também havia dias de inverno, nos quais Wastl não podia ir ao jardim, mas martelava em uma oficina nos fundos da casa sempre que me deixava sozinha. E foi na segunda primavera que decidi, ao passar pela fonte no caminho para casa, dar um basta às aulas de acordeão. A fonte ficava no centro do vilarejo e era a única no caminho de casa. Era fim de tarde, mas ainda não estava escuro, e o gelo brilhava no vaso da fonte. A fonte do vilarejo tinha uma roda grande e num carretel de madeira estava uma corrente com dois baldes. Eles movimentavam-se ao mesmo tempo, o balde vazio descendo para o fundo, o cheio subindo. Pus o acordeão no balde vazio e prendi as correias com o lenço de bolso na corrente. Daí desci o balde para o fundo e ouvi, no eco da fonte, como o acordeão batia na água. Até que o cachorro latiu de repente do meu lado. E uma mulher gritou: "Não pense que não vi", mas ela chegou tarde demais. O acordeão já tinha tomado um banho. Ela puxou o balde para cima e carregou-o, aos pingos, para nossa casa. E eu atrás dela, nem medo sentia, trotando para casa como um bicho de estimação, para onde mais devia ir.

Essa noite foi horrível. Pancadas com a vassoura, eu corria em volta da mesa, e até as cadeiras minha mãe jogava na minha direção. Minha avó soluçava, como se seu filho tivesse morrido mais uma vez. E meu avô pôs o acordeão sobre o forno, para secar.

Alguns dias depois ele estava seco, mas seu fole plissado permaneceu inchado e com fissuras, e as teclas saltavam das fugas. O acordeão estava perdido. Foi empacotado em seu estojo no quarto escuro.

O que eu fizera com o acordeão, ou seja, com o tio morto, foi tão monstruoso que nem no dia seguinte foi possível falar a respeito, ninguém queria ter que pensar mais nisso. Eu também fui castigada só nesse único dia. Mas nunca mais precisei tocar acordeão.

Um homem com buquê de flores

Fera d'alma *conta a história de amigos que caem na mira do serviço secreto, pois não se contentaram com a versão oficial de suicídio de uma colega, continuaram a perguntar e investigar. Um dos absurdos é o fato de Lola, na condição de suicida, ser expulsa do partido numa assembleia.*

Isso é real. Quando estava na universidade, uma estudante foi excluída do partido *post mortem*. Ela se enforcara num armário com um cinto. Toda a casa de estudante estava em alvoroço, todos falavam disso. Em público, suicídio era tabu. Acho que expulsão do partido era uma medida "preventiva", mesmo que pareça estranha DEPOIS da morte. Para a universidade, o local do suicídio era insuportável. Essa grande assembleia *post mortem* expulsando-a do partido devia impedir que isso acontecesse de novo na casa de estudante. Tal agitação era perigosa para o dia a dia, precisavam de tranquilidade e obediência. Um suicídio na casa de estudante, com seis a oito meninas em cada quarto e um armário só para todas, era visto como um ato antissocialista, pois não era possível encobri-lo. A grande assembleia *post mortem* foi organizada para apresentar esse suicídio como ofensa à universidade e ao partido. Disseram que a morta "não merecia" ser estudante "de nossa" universidade e membro "de nosso" partido. A desgraça da morta, seu desespero, foram encenados como traição. Já a monopolização, através do permanente "nosso", era descarada. O mais repugnante nesse espetáculo foi o descarrilhamento total da condição humana. De toda forma a enforcada não pertencia mais à universidade nem ao partido, através da morte ela se retirou por si só. A única mensagem da assembleia foi: se vocês se matarem, procurem um outro lugar e não nos molestem com seus cadáveres.

Nas semanas seguintes, pairava pelas casas de estudante, pelos muros de cimento da universidade e no matagal do parque um silêncio irreal, um céu frágil. Parecia-me como se nós todas não tivéssemos chão algum sob os pés, como se, ao andar, pisássemos na testa. Como se tivéssemos descalças no rosto.

Muitos anos depois, na época das calúnias na fábrica, também pensei em suicídio. Escolhi o lugar certo, a janela de cima no bloco habitacional, as pedras certas para o bolso do casaco e o local certo no rio. Mas daí o "visitante loiro" da fábrica expeliu meus pensamentos de suicídio. "Vamos jogá-la no rio", ele ameaçou. Então passou, tive fome de viver, pois meu suicídio seria um presente para aquele canalha. Nos tempos das chicanas mais malévolas, eu havia desaprendido a dormir, não sabia mais como era. Estava cronicamente cansada, o vento soprava através de mim, os pés eram de chumbo e a cabeça, uma esfera de vidro, transparente. Conheço tais condições, estar "descalça no rosto" não é um quadro surreal, mas o único que descreve tal estado.

Eu me apegava às plantas e faço assim até hoje. Elas mostram o que não dá para dizer com palavras. Depois dessa assembleia *post mortem* na universidade, também as tílias florescentes estavam envolvidas com o suicídio. Elas estavam meio murchas e espalhavam pó amarelo pelos caminhos, pelas cercas e pelos telhados. Tudo estava claro e tinha um cheiro que só grandes quantidades de tílias meio murchas em longas ruas podiam ter – tudo cheirava a açúcar de defunto. Não sei por quê, mas quando há uma cor dentro das coisas pesadas que vivemos, ela aparece sempre quando algo parecido acontece. Quando eu mesma pensei em suicídio, anos depois, tudo também estava tão claro.

Assim cheguei à conclusão de que o suicídio na cidade é claro e reflete como um branco leitoso.

Entretanto, eu já conhecia o suicídio do vilarejo e lá ele me parecia escuro, índigo. A cor tinha a ver com as amoras. O pai da minha tia enforcara-se nos fundos, no quintal, numa amoreira. Ele brincava frequentemente comigo. E eu o admirava, pois ele tinha na parede de seu quarto uma coruja empalhada, que estava sentada sobre um galho. Ele dormia naquele quarto e não tinha medo nenhum. Nós todos tínhamos medo, pois corujas chamam a morte para a casa, mesmo quando se sentam bem mais longe, no telhado. A coruja empalhada não podia mais chamar, mas apesar disso ela continuava sendo coruja. Uma coruja-das-torres e não uma coruja da morte, dizia minha tia. Eu não acreditava muito nisso, pois todos os mortos recebiam um véu no caixão. E seu pai enforcou-se anos depois na amoreira e tinha um galho com a sua coruja-das-torres. Seu suicídio foi escuro com um aro azul índigo em volta do pescoço.

No caso de suicídio na cidade, frequentemente não eram as próprias pessoas que o cometiam – aquelas que o cometiam faziam seu trabalho sujo e não temiam suas mãos, mesmo que estivesse claro.

O trato do regime com suicídios era perverso. Por um lado, ele não podia vir a público, por outro, suicídios eram encenados para encobrir assassinatos políticos.

Então a elite do poder também reclama para si a soberania de inter-
pretação sobre a morte, apresentando assassinato como suicídio ou
suicídio como acidente?

Acidente de carro, envenenamento, queda da janela, afoga-
mento, enforcamento – chegava um médico e escrevia no atestado
de óbito: "suicídio". Apesar de estar prevista em lei, recusavam fazer
autópsia nesses casos.

Também no caso do meu amigo Roland Kirsch foi assim. Ele
vivia sozinho e foi encontrado por sua mãe enforcado no quarto,
os vizinhos tinham ouvido vozes altas na noite anterior. Até hoje
está escrito "suicídio" na sua certidão de óbito. Recusaram fazer
autópsia, a polícia "ajudou" seus pais a arranjar todos os papéis
necessários e logo ele foi para baixo da terra. Havia mais médicos
do serviço secreto do que o suficiente, pois todos os hospitais estavam à disposição do serviço secreto.

Suicídio era realmente um tabu, porém, quando mandachuvas do partido se matavam. Assim como o ditador, também os chefes das províncias iam caçar – enquanto ninguém mais possuía
uma licença de caça, que era uma prova de confiança do regime. Lia-se no jornal que o fiel camarada morreu por um trágico
acidente de caça. Ninguém acreditava no jornal, pois os boatos
diziam que ele havia dado um tiro na própria boca. Como era impossível esconder a morte de um membro do partido conhecido
na cidade, e suicídio, sobretudo na função dele, era uma vergonha
para a sorte do povo, o partido se salvava com a história do acidente. Mesmo que ninguém acreditasse, pois para o partido não se
tratava da questão de acreditar, mas de obedecer e lucrar.

No tema suicídio como tabu, também lembro-me sempre de
Paul Celan. E de como podemos, com uma meia verdade, mentir
mais do que se a omitíssemos inteiramente. O livro escolar trazia
"Fuga fúnebre" e, como em todos os textos, também a biografia do
autor. Mas não estava escrito no livro que Celan se suicidara no

Sena. Suicídio era tabu, e biografias deviam valer como exemplos positivos. Mas também um tabu era o passado fascista da Romênia e o fato de que havia campos de concentração na Transnístria, sob direção romena. Não se dizia uma palavra sobre as leis raciais que predominavam na mesma época na Romênia, como no caso dos nazistas. Guetos, *pogrom*, campos de concentração – os romenos faziam seu trabalho meticulosamente e eram elogiados pelos nazistas. O fascismo romeno tinha a sua própria linguagem pomposa, bajuladora, nacional-religiosa. A igreja ortodoxa estava firmemente envolvida no fascismo. A morte era "um mestre da Alemanha",* porém ela tinha um aprendiz aplicado da Romênia. Até hoje isso é mais omitido e deturpado na Romênia do que admitido.

É preciso tomar cuidado com meias verdades. Eles não tinham que incluir "Fuga fúnebre" no livro escolar, mas precisaram dele para delegar seus próprios crimes aos nazistas. Não precisavam negar nada, mas apenas omitir. A falsificação da história era intencional. A mentira não era pronunciada, mas dita mesmo assim. E teriam podido se defender da acusação de falsificação, pois não mentiram diretamente. Com certeza o Ministério da Educação pensou bem, e sem escrúpulo algum, no uso indevido de "Fuga fúnebre".

Vamos voltar brevemente à expulsão do partido da estudante morta. Todos no salão votam a favor. A senhora escreve que também Lola teria levantado a mão, mas isso já não conta mais. Isso mostra, porém, como cada um colabora com as condições que vão destruí-lo depois.

O que são condições que vão destruir alguém? A maioria não considera isso destruição. Adaptação torna-se normal quando se quer virar alguma coisa numa ditadura. E a maioria quer virar al-

---

* Verso do poema "Fuga fúnebre", de Paul Celan. (N. T.)

guma coisa, quer ter uma profissão segura e um salário. Até discrição – e com isso a pessoa ainda não virou nada – só existe pelo preço de ficar quieto. Então precisamos fazer pelo menos assim, como se nos adaptássemos. Na ditadura, a destruição da pessoa é normal, é impossível impedi-la. A pessoa é destruída pela adaptação ou por causa da recusa. Eu encarava ambição política como destruição, com a qual a pessoa concordava. Só era possível escolher entre destruição através do consentimento ou autodestruição através da recusa. Eu percebia cada vez mais como meus nervos se enfraqueciam com os anos, sentia-me despedaçada, não intacta. Mantinha-me como estudante em uma zona cinzenta, faltava o quanto possível, estudava o mínimo possível e lia os livros que eram proibidos na universidade. Não dava valor nenhum às boas notas e conseguia passar raspando nas provas.

Naquela época, eu não estava na tal assembleia *post mortem*, não por falta de coragem, mas por repugnância. Não teria suportado. As meninas da residência, no entanto, contaram do aplauso em compassos frenéticos. Talvez o horror tenha aplaudido junto, mas ele não atrapalhou o compasso. Diziam o dia todo "é preciso" ou "precisamos". Muitos estavam acostumados a este "tem que ser", aprenderam a funcionar sem refletir sobre o que faziam. Eles eram adestrados e quase todas as frases começavam com este eterno "precisa". E "era preciso" estar permanentemente presente na universidade. Mostrar presença era mais importante do que todo o resto. Um dos principais objetivos da universidade era o controle. Estar em todas as palestras, anotar toda palavra e decorar, sem pensar, para os exames – para isso tiravam-se as melhores notas. Isso era confortável. Acho até que a maioria não queria ter nenhum pensamento próprio.

Na casa de estudante havia, em cada um dos quatro andares, uma sala para secar roupas. Ali estavam uma tábua com um ferro de passar e uma geladeira comum para os alimentos. Além das coisas habituais como salame ou queijo, também havia na geladeira fígado cru, rins ou corações de porco ou vitela ensanguentados, às vezes um prato com miolo. Em uma travessa bem perto da residência ficava o matadouro. Eu nunca soube a quem pertenciam essas vísceras, onde e como cozinhá-las. Não havia fogão. Quando íamos tarde da noite à geladeira, as vísceras já estavam azuis e o sangue, preto, começando a secar. E como a lâmpada dentro da geladeira luzia em cima daquilo com um branco incrível, as vísceras pareciam diferentes do que de dia. Às vezes eu pensava que elas poderiam pertencer às estudantes, sobretudo os corações. Elas os tiravam durante a noite para dormir melhor. Na frente da geladeira com as vísceras, eu disse na cabeça, pela primeira vez, a palavra *Herztier*.* Esta palavra encontrou-me da mesma forma como as coisas na geladeira se encontravam. Assim como, na cidade, a expressão "açúcar de defunto".

Não conhecia a estudante enforcada. Diziam na época que ela trabalhava para o serviço secreto. Eu simplesmente acreditei na ocasião. Através da Securitate, sabia apenas que ela existia, antes de senti-la diretamente. Desde então, porém, pude bem imaginar como a Securitate conduzia qualquer pessoa ao suicídio, também um de seus denunciantes.

Os denunciantes eram naturalmente privilegiados, mas não de forma incondicional. Eles haviam assinado um contrato e se comprometido a colaborar. Eles deram para o Estado a sua privacidade e precisavam, para desempenhar suas tarefas, praticar a perfídia, influenciar as pessoas discretamente, agir de forma traiçoeira e parecer inocente. Não tenho pena de denunciantes, mas se a denunciação não lhes trouxe contentamento ou um sentimento de poder, aquela vida foi hipócrita e sem valor. Depois de

---

* *Fera d'alma*, título de um livro de Herta Müller. (N. T.)

assinar, eles eram só na aparência a mesma pessoa e precisavam olhar no espelho com duas caras. E alguma coisa ainda sempre podia dar errado. Com um comportamento errado, o denunciante podia trair a si mesmo, fazer estragos e tornar estratégias inteiras sem efeito.

Na época das grandes chicanas, alegrei-me todo dia perante o fato de estar por minha própria conta e, diferentemente dos denunciantes, não precisar olhar no espelho com duas caras. E o mais importante: não precisar apunhalar ninguém pelas costas.

Pode até ser – e isso é até provável – que a estudante tenha sido conduzida à morte pelo serviço secreto, caso ela tenha sido uma denunciante. Que a tenham ameaçado com a expulsão da universidade, com a prisão ou com a morte.

Hoje, sabe-se dos arquivos que nem todos os denunciantes estavam a vida toda do lado seguro. Quando um denunciante decepcionava muito o serviço secreto ou não queria mais continuar, não o deixavam partir, mas, sim, derrubavam-no. Ele tornava-se um traidor. Daí entrava vingança no meio e tudo entornava. Em alguns casos, traição era castigada de forma tão rígida como recusa.

Quando não se está seguramente do lado certo, mesmo como denunciante, isso significa que o medo domina qualquer um, tanto os que se recusam, como também os que colaboram? Seriam os loucos as únicas exceções, pois diziam que eles confundiam o medo com a loucura?

Não existe troca alguma entre medo e loucura. O medo não vai embora na loucura, ele fica e a loucura junta-se a ele. Um amigo levou-me, uma vez, a um sanatório psiquiátrico. Ele era músico de rock e trabalhou um tempo lá como terapeuta musical. Um médico oferecera-lhe a vaga para que ele ganhasse um pouco de dinheiro, pois sua banda não podia fazer shows. Não havia terapias musicais em nenhum lugar do país, era uma experiência pessoal daquele médico. Talvez o músico de rock tenha levado as pessoas a cantar ou dançar e suprimido a tristeza de todo dia por algum tempo, quem sabe.

O sanatório ficava atrás dos grandes campos de cereais, fora ele não havia nada. A papoula florescia. No pátio do sanatório havia arbustos e uma grama alta e, em volta, álamos isolavam o terreno. Estes eram pretos dos ninhos dos corvos e o grasno era tão alto, como se os corvos soubessem como era a vida lá dentro com os loucos. O médico mostrou-me alguns pacientes que enlouqueceram por causa da perseguição política. Ele disse também que a maioria deles tinha sido abandonada pelas próprias famílias, que eles estavam completamente sós no mundo e que ninguém os visitava. Além disso, continuavam sendo torturados pela perseguição, pois a loucura não esquece nada. Até poderíamos acreditar, segundo o médico, que, quando chegamos à loucura, atingimos uma outra realidade e esquecemos o que nos levou à loucura – mas não é assim. Os medos continuam sendo moídos na cabeça. Depois de um longo espaço de tempo, sabe-se quem e por que motivos foi parar naquele sanatório.

Aprendi com essa visita que sofremos sempre com nós mesmos, ainda que não saibamos mais quem somos. Por muito tempo pareceu-me assim, como se os loucos da cidade tivessem tirado dos normais a consciência pesada, como se arrastassem o ameaçador para todos nós.

O homem que está todo dia na rua com uma gravata borboleta no pescoço e flores secas na mão, esperando por sua mulher, que deve ser libertada da prisão, o "filósofo" que confunde troncos de árvore e postes com pessoas, a anã de cabelo desgrenhado junto ao monumento – todos vivem nas ruas, completamente desprotegidos.

Todos nós tínhamos nossas psicoses normais. Isso talvez parecesse, na cabeça, como nas lojas de confecções socialistas ou nas vitrines da terra natal. Provisório, tudo era sempre provisório.

Não melhorava, só podia piorar. Na cidade havia loucos, que pertenciam aos lugares onde estavam. Ou o inverso, o lugar pertencia a eles, eles davam ao lugar uma aura, uma sensibilidade escura. Os olhares dos transeuntes permaneciam breves, mas acho que cada um pensava no assunto, não dava para passar por eles sem comoção. Eles eram os figurantes de qualquer existência possível. Eu não conhecia pessoalmente o homem com o buquê de flores, mas ele esteve realmente, por anos, em Timisoara, no Corso, e diziam que ele esperava por sua mulher. E havia a anã na praça com o monumento, quase como um animal vadio. Também ela viveu por anos ali, instalando-se sob o céu aberto. Foi um milagre que nada de grave lhe acontecesse nesse país brutal. Os loucos da cidade faziam-se intocáveis, pois lhes faltava qualquer forma de proteção, até os sem escrúpulos eram tomados pela vergonha. Eles eram uma espécie de propriedade comum, da qual tomávamos conta. Havia uma lei não escrita, até mesmo para a polícia, segundo a qual era proibido maltratá-los, levá-los embora ou expô-los ao ridículo. Também havia um medo religioso de sermos castigados por Deus ou de nós mesmos nos tornarmos loucos, caso os tratássemos mal.

Os policiais eram violentos com todos os outros, distribuíam pancadas e pontapés e batiam com o cacete. Na maioria das vezes eram jovens, semianalfabetos. Ambiciosos e treinados, eles faziam qualquer serviço sujo para o regime. Mas vinham de vilarejos minúsculos e distantes e, sob sua pele de polícia, estava enraigada a superstição da gente pobre.

O homem com o buquê não vivia na rua. Ele ia e vinha e estava todo dia perfeitamente vestido, olhava rua abaixo, mantendo seu buquê verticalmente, na frente do peito. Pois é, e rua abaixo ficava a prisão. Diziam que ele esperava por sua mulher. A mulher morrera já fazia muito tempo, mas sabia-se que ela fora levada uma vez para a prisão. Ele a viu? Ele a acompanhou? Se fosse libertada, diziam, ela subiria aquela rua, bem na sua direção. Ninguém sabia por que ela fora para a prisão. Acho que ninguém queria saber, pois detalhes teriam atrapalhado o sentimentalismo público. Provavelmente não era por motivos políticos, já que, nesse caso, não deixariam o homem esperando por anos, sem ser incomodado. Esta contradição de arrumar-se de forma impecável e ter-se sob controle, vestindo-se bem, mas ser louco ao mesmo tempo, vivendo uma realidade completamente diferente com um buquê de flores na mão, era tão impressionante quanto inconcebível. Pensamos, durante anos, que este homem viveria em uma eterna história de amor. Psicólogos da Securitate constataram, provavelmente, que loucos no centro da cidade até serviriam para a estabilidade política. Eles provocam pena, um sentimento brando, impedindo a agressão. Além disso, ao passarem pela anã, comparando-se com ela, milhares de transeuntes deviam ficar satisfeitos com sua própria vida.

Sempre que via o homem com o buquê, eu pensava em Veronika com suas galinhas-d'angola. Pensava que, graças a Deus, ela não perdera a razão, mas esperava em vão, em um vilarejo distante, por seu marido, assim como ele esperava no centro da cidade por sua mulher. E que ela não precisava de nenhum buquê de flores, pois tinha o vento no portão da rua. E este era impossível de segurar nas mãos.

A senhora disse que nunca acontecera nada de grave com a anã. No entanto, pelo menos no romance, acontece-lhe algo, pois ela é várias vezes estuprada. Como é surda-muda, não consegue gritar e não ouve chegar os homens que vão cair sobre ela.

Nenhum personagem é exatamente aquilo, em nenhum romance. Sim, a anã era realmente surda-muda. Ela era jovem e teve, por um tempo, uma barriga gorda, depois não mais, como se tivesse feito um aborto. Não sei nada sobre ela, quem era e de onde vinha. Ela era descuidada e, diferentemente do homem com o buquê, vivia na rua. Se ela ficara grávida, certamente ninguém perguntou se ela queria ter um filho ou não. Provavelmente ela nem teria podido decidir isso sozinha. E ninguém teria acreditado que ela fosse capaz disso. O que ela faria com um recém-nascido sob o céu aberto no calor do verão, na poeira, ou no gelo tilintante e na neve na altura dos joelhos? O Estado teria que tirá-la da rua e colocá-la sob sua "guarda". E ninguém lhe desejaria isso, pois assim ela teria sido encarcerada. E o filho teriam posto em um daqueles orfanatos arrepiantes. Independentemente da direção em que pensamos, a coisa se torna trágica, pois ela era e permaneceu louca, surda-muda e completamente só – não podia haver um bom final para ela.

Havia na Romênia um final trágico para muitas mulheres, sempre que ficavam grávidas. Ceausescu publicara um decreto obrigando toda mulher a dar à luz cinco filhos. E isso sem haver alimentos básicos suficientes no país. Mesmo com alimentos básicos, no entanto, não haveria quase nenhuma família romena que quisesse cinco filhos por livre vontade. Abortos eram proibidos e para isso havia prisão. Não existiam anticoncepcionais. Milhares de famílias foram destruídas por causa desse decreto.

As mulheres só podiam abortar ilegalmente e caíam nas mãos de vigaristas. Muitas morriam. Em alguns casos, havia complicações e elas precisavam ir para o hospital. O primeiro a chegar, então, era o serviço secreto, e o médico só ajudava quando elas estavam dispostas a denunciar o vigarista. Se sobrevivessem, elas iam logo depois da recuperação para a prisão. Os maridos ficavam sem mulher e os filhos que já existiam, sem mãe. Os homens safavam-se e o Estado levava as crianças para os seus orfanatos miseráveis. E se nasciam, os filhos não eram desejados. Fala-se até hoje na Romênia da geração dos *decrete* – dos "decretinhos".

O regime fiscalizou o mais privado das pessoas, a intimidade era estatizada. Com métodos pérfidos, as mulheres submetiam-se a exames obrigatórios; para um tratamento no dentista, por exemplo, elas precisavam de um atestado do ginecologista.

Tem-se a impressão de que a sexualidade serve reiteradamente como uma válvula de escape. Os homens – e as mulheres – querem abocanhar o amor, a vida. A senhora emprega com frequência nesse contexto a palavra "avidez".

Mesmo com toda a pressão, a sexualidade permaneceu livre. Ela era quase a única coisa que se podia fazer com prazer. Escritórios não aquecidos, queda de energia, coros patrióticos no alto-falante, comida ruim, reuniões enfadonhas e controle político não fazem as pessoas frígidas, mas ansiosas por sentimentos pessoais. O erotismo era uma compensação para todas as liberdades ausentes. A superfície era adestrada, mas eu tinha a impressão de que a obediência política aumentava o prazer das pessoas. Por todos os níveis do trabalho havia uma grande disposição sexual, uma excitação saindo da tristeza. Havia por todas as hierarquias relações sexuais escondidas. Tanto monotonia como impasse necessitavam de distração. Estávamos de toda forma sempre na fábrica, não tínhamos fins de semana livres. Não havia nas relações um erotismo puro, mas uma confusão de sedução, calculismo ou chantagem. Aconteciam tristes deslizes, enganos, vergonhas e desespero. Contas eram acertadas sem piedade. Havia o acaso imediato e a oportunidade paulatina. Às vezes, uma pessoa atirava-se perdidamente no amor e para o outro ela era apenas um meio para atingir um fim: um salário melhor, um posto mais alto.

Havia muita avidez alheia e muita avidez própria em todos os registros dos sentimentos daquela época. Isso não tem provavelmente nada de especial, é assim por toda parte no mundo. Mas acho que o prazer crescia mais rápido e despencava mais rápido.

É fácil para as pessoas acabar, entre elas, com as relações. Mas as nossas precisavam ainda ser destruídas por outros. Elas estavam sempre ao alcance do regime, muito expostas politicamente. Por isso muito raramente ficavam intactas. Acho que todas as condições externas estavam envolvidas nos sentimentos, todos nós trazíamos, também no amor, a estampa da ditadura.

Falamos dos loucos nas ruas, de seu perigo. A avó também vivia no delírio, mas nela este tinha um toque mais livre, quase que divertido. Ela diz ao padre: "Você também é uma andorinha, vou me vestir e depois podemos voar". E com sua neta ela mantém o seguinte diálogo: "Você tem um marido?". "Não." "Ele usa chapéu?"

Minha avó foi por muitos anos demente. Sim, ela perguntou-me se eu tinha um marido. E, quando disse não, ela perguntou se ele usava chapéu. E ela me olhou, afirmando que antes teria havido ali uma menina pequena, onde ela estaria agora? Ela referia-se a mim quando criança. Daí eu disse: "Ela cresceu". Então, o que é loucura? A realidade não está mais lá e entra algo surreal no lugar dela. Uma beleza bem particular, que se desloca, ela dói e nos torna angustiados. Presenciei, no caso de minha avó, como a loucura combina suas imagens de forma surpreendente. Metáforas também em pessoas que nunca pensaram sobre a linguagem, originando uma poesia inocente. No caso dos chamados loucos, a lógica assemelha-se às superstições.

No romance *Tudo o que tenho levo comigo*, uma das personagens principais é Kati-Plantão. Ela realmente existiu no campo de trabalho forçado. E precisava ter um papel central no romance. Para ela criei a maioria das coisas, diálogos, situações. Oskar Pastior sabia pouco dela. O que ele me contou eram coisas gerais. Ele não tinha nenhuma relação pessoal com ela. Acho que ninguém tinha. Provavelmente, num campo a situação não é diferente da situação da anã na praça do monumento ou do homem com o buquê de flores, Kati-Plantão não sabia onde estava, ela se bastava. Oskar Pastior foi muito sincero e não queria embelezar, quando afirmou: "Nós todos gostávamos dela não por causa dela, mas por causa de nós, pois sabíamos que, enquanto garantíssemos a sobrevivência dela, ainda não havíamos perdido totalmente o nosso lado humano". A Kati-Plantão louca era um indicador para os normais. Isso sugeriu-me muita coisa, quando precisei construir situações concretas. E eu conhecia situações concretas, pois chamava minha avó de volta para minha memória. Não era exatamente aquilo, mas através de uma invenção surgia uma realidade sentida. Kati-Plantão mexeu muito comigo, tornando-se minha pessoa preferida ao escrever.

"Você tem um marido?", "Não." "Ele usa chapéu?" – esse diálogo com minha avó existiu. Que o padre seria uma andorinha e que ela queria voar com ele, eu inventei. Ela também nunca disse para meu avô que seu animal do coração era um rato. Isso também inventei para a avó do texto. Emociona, mas não é um presente para a pessoa real nem para mim o fato de eu precisar inventar. É certo que voltar a pensar na minha avó real protege-me no ato de escrever, mesmo assim não crio para ela, mas só pela necessidade do texto. E o que mais protege ao escrever é o que mais tira forças. É um equilíbrio, e não sobra nenhum cuidado.

A narradora subjetiva conhece os loucos, pois – abandonada como estava – se acostumou a vagar pela cidade. Sobram-lhe as pessoas das ruas e os amigos, que vivem no mesmo medo que ela. Não há nada entre esses dois grupos?

Pois é, vagar pela cidade. Eu não sou a narradora subjetiva. Mas fui posta para fora da fábrica, estava desempregada e não tinha ideia do que viver. Andava pelas ruas sem destino para não cair sobre mim mesma. Quando cansamos os pés, a cabeça fica tranquila. A rua é todo dia, e até toda hora, diferente e, não importa como seja, nos leva para longe de nós mesmos. Bem quando estamos inseguros, não podemos nos trancar dentro de casa, não é bom ficar sozinho demais. É melhor olhar o verão no jardim ou a neve nas cercas. Obriguei-me a ir todos os dias para algum lugar na cidade. E com frequência para bairros distantes.

Toda manhã, durante três anos, ia de bonde para a fábrica, passando por uma rua longa e suja. E toda manhã via um cachorro grande e marrom sentado, às vezes à esquerda de uma porta, às vezes à direita, às vezes na diagonal, sobre uma escada de cimento. Uma vez, depois da demissão, fiz este percurso a pé. E, quando estava na frente da casa com o cão marrom, o vi bem de perto. Senti-me traída. O cão marrom sentado era de gesso. E perguntei-me por que o morador da casa colocava todo dia o cão de gesso em outro lugar. Será que o cachorro deveria parecer vivo e proteger a casa? Ou simplesmente achavam bonito aquele bibelô enorme? E quem punha o cão de gesso sempre de forma diferente e à que horas – de manhã depois de acordar ou à noite, antes de dormir? Ou ele era colocado de madrugada para dentro da casa? Então, os chamados normais da cidade eram frequentemente mais misteriosos do que os loucos. Nunca vi o dono do cão de gesso. Também não fui mais àquela casa. Mesmo se naquele dia tivesse saído alguma pessoa da casa, enquanto eu estava com o nariz diante da cerca, eu não teria me dirigido a ela. Sentia-me desconfortável e quase passei mal. Não sei por quê, mas tive medo do cão de gesso. Ele refletia algo que tinha a ver comigo. Como as dálias, também o cão de gesso mostrava o que era impossível dizer com palavras. Diferentemente das plantas, a situação era ameaçadora. Ele era um figurante naquela cidade e, como os loucos, não era apenas a sua pessoa, mas incorporava o conjunto todo.

Quando nos tornamos inimigos do Estado, só temos amigos que estão na mesma situação. Mesmo quando aparece um novo conhecido. Quem é amigo de alguém também é visto em pouco tempo como inimigo. Por isso a pessoa é evitada pela maioria. Também pelos vizinhos, pelos colegas. Quando leio hoje meus arquivos da Securitate, vejo que todos os vizinhos que ainda falavam comigo haviam sido recrutados como denunciantes. Depois de ter sido posta para fora da fábrica, tive sempre apenas empregos temporários em diferentes escolas, até ser demitida de novo. Por todo lugar onde passava, não conhecia nenhum dos colegas e precisava ter em conta que a Securitate colocara denunciantes em cima de mim. Era bem normal que precisasse encarar qualquer aproximação sob esse ponto de vista, avaliar a pessoa para me proteger – todo o resto teria sido imprudente e até irremissivelmente burro.

Era assim com todos os amigos. Quando um de nós era chamado para o interrogatório, todos nós esperávamos até que finalmente voltasse. Enquanto as coisas estavam ainda frescas na cabeça, ele nos descrevia o interrogatório até os menores detalhes. Daí redigíamos um protocolo da memória. Pois o conteúdo exato era para todos nós igualmente importante. Algum dia o próximo seria interrogado e precisaria conhecer as respostas dos amigos para repeti-las da melhor forma possível. Para cada um de nós era necessário lembrar o que fora dito, não devíamos nos contradizer de jeito nenhum.

Continuei a encontrar minha amiga Jenny depois da demissão. Contava-lhe o que acontecia em nosso grupo inteiro, além dos interrogatórios – buscas domiciliares, assaltos arranjados, prisões preventivas, demissões etc. Apesar de ela conhecer bem minha história na fábrica, era-lhe difícil imaginar a situação toda. Um dia, ela perguntou: "O que eles querem de você?". E eu respondi: "Medo".

A senhora fala repetidamente de um "medo planejado", no qual a senhora e seus amigos viviam. Vocês eram fiscalizados, os apartamentos eram revistados, o serviço secreto pegava os pais e a pressão aumentava gradualmente. Até que ponto o medo pode ser partilhado?

Partilhado, sim, mas isso não torna o medo menor. O que é medo partilhado? É possível, no máximo, distribuí-lo, mas isso acontece por si só, quando se têm amigos. Sabemos um do outro, estamos sempre juntos. E isso protege, é impossível, sozinho, romper o medo, ele não admite mais lacunas e pode devorar a pessoa. O medo vem de fora, da perseguição, e é impossível impedi-lo, mesmo com toda a proximidade dos amigos. Pois os motivos são confirmados todo dia, através das mesmas e das novas chicanas. Existem muitos tipos de medo, o curto, que vai logo embora, o cronicamente longo, que sempre fica. Há o medo puro, o medo agitado, furioso, o medo prudente, o minimizado e o exagerado, o nervoso e o indiferente. Todos os adjetivos, naturalmente, não o descrevem, podemos apenas contar as palavras, como devemos de outra forma falar de sentimentos? Os medos revezam-se como cores e eles também tingem tudo, penetrando em todos os outros sentimentos. Quando temos medo, não procuramos palavras para descrevê-lo. Isso não mudaria nada. Mas às vezes, olhando para trás, descobrimos qual medo tínhamos. Ou algum dos amigos nos diz.

O medo ajuda, quando é observado por alguém em quem confiamos. Alguém que veja em que estado de medo a pessoa está. Não tem nada a ver com falar sobre o medo, acho que devemos falar o menos possível sobre o medo. Não devemos nos dirigir sempre a ele pelo nome, pois assim o alimentamos. Ele precisa desaparecer ocasionalmente, para que possamos viver com ele. Quando não funciona mais, a pessoa perde a razão. Por isso os amigos são tão importantes, pois, através da proximidade natural, um leva o outro a fazer o medo desvanecer.

Quando estavam juntos, o que vocês faziam? Vocês conseguiam, pelo menos por um tempo curto, enganar o medo?

Quando estávamos juntos, ocorria-nos todo tipo de coisa. Contávamos piadas novas, brincávamos durante horas com frases rimadas, cantávamos os discursos de Ceausescu que estavam no jornal, como operetas. Rimar e cantar infiltram-se no crânio. Quando criança, ouvia a música de sopro na minha cabeça sempre que estava de volta em casa depois do casamento no vilarejo, ou mesmo já deitada na cama. Também agora ouvia na cabeça, durante horas, o canto de nossas operetas e os jogos de rima. E as rimas continuavam nos dias seguintes, ficava rimando por aí, enquanto perambulava sozinha pela cidade. A rima não relaxa, construindo um eco nas têmporas. Ela exige na cabeça outras rimas e a pessoa sempre arrasta consigo novos pares de palavras, rimas insossas e sem sentido, eu estava cheia, cansada e não parava. Essa doença de rimas tinha algo que era tanto sofredor como protetor.

Frequentemente brincávamos com as moscas batizadas. Batizávamos as moscas com nomes de membros do serviço secreto, desligávamos a luz do cômodo onde elas estavam, acendíamos a do cômodo onde nós estávamos e a chamávamos pelo nome. Repetíamos uma vez, depois outra, e a mosca sempre chegava, voando. Não havia magia na brincadeira, mas apenas a lei banal e rigorosa, segundo a qual moscas sempre deixam a escuridão em direção à luz. Parecia, porém, coisa de magia negra. O medo era assim enxotado e ríamos livremente. Era a felicidade. Talvez uma felicidade forçada pelo medo, mas que durava horas. Isso prejudicou-nos por fora, mas não sabíamos que estávamos sendo ouvidos dia e noite e que todos os cômodos de nosso apartamento haviam sido grampeados. Havíamos aprendido a nos alegrar rápido, a pular tolamente do zero ao cem. A infelicidade tinha razões que todos nós conhecíamos. E nenhuma delas dependia de nós. Por isso não precisávamos de nenhum motivo para a felicidade, além desse faro, do qual dependíamos urgentemente. A felicidade vivia de sua subitaneidade e era uma travessura necessária.

Sabemos por nós mesmos e vemos também nos outros que, enquanto há intervalos do medo, nós não nos despedaçamos. Cada um quer impedir essa dilaceração em si e no outro. Mas amizades não são garantias. Todos nós vimos amigos se despedaçarem, mesmo a maior proximidade não adiantou mais nada. O medo do amigo estava, por um lado, distribuído para todos nós, mas na cabeça dele já estava instalada esta outra sintonia. E as ameaças também não param.

Eu conhecia bem o brilho da outra sintonia. Talvez da época quando criança, do coração de melancia da Nossa Senhora e, mais tarde, do açúcar de defunto das tílias, da geladeira da casa de estudante, com seu animal do coração, e do escritório de lenço na fábrica. Entretanto, o medo nunca me engoliu. Eu ficava confusa e consciente ao mesmo tempo. A outra sintonia, graças a Deus, rastejava sempre só na metade da cabeça.

Como correm o mesmo perigo, os amigos dependem incondicionalmente um do outro. "Mas, na briga", lê-se, "o amor mostrava suas garras." Provavelmente, nem sempre é fácil suportar a grande proximidade, da qual a pessoa não consegue mais se livrar.

As amizades eram muito estreitas. Nem sempre é fácil um com o outro, quando um depende do outro. O tom tornava-se frequentemente ríspido e tínhamos nervos fracos. E às vezes a irritação era tanta que também não suportávamos a prudência. Com frequência havia raiva, fúria, dor, causadas inevitavelmente nesta proximidade. No grupo, a crítica era direta, esperávamos isso um do outro. Os momentos mais difíceis para mim eram os de excesso de álcool.

Estávamos na casa de Rolf Bossert, no bloco habitacional, quarto andar. Era depois da meia-noite, ouvi um barulho no terraço e corri para lá. Bossert já havia subido com uma perna na sacada, seu corpo estava pendurado, torto, sobre a beirada. Puxei-o de volta para o terraço e depois para a cozinha, para uma cadeira. Gritei, o que estava fazendo? Ele respondeu sucintamente: "Nada, estou me matando". Todos estavam completamente bêbados, na confusão de risos e gritos ninguém no quarto percebera a sua ausência. Na manhã seguinte, quando estava sozinha com ele na cozinha, ele disse que eu não deveria ter me intrometido no terraço. "Se você for fazer isso", afirmei, "então faça sozinho. Como seus amigos continuariam vivendo com isso?" Ele não teria sobrevivido à queda do quarto andar.

Na bebedeira, brigas estouravam a partir das menores diferenças e facilmente se descontrolavam. A proximidade tornava-se sombria, as afirmações, penetrantemente afiadas, os gestos, rudes, e a teimosia, altiva e grosseira.

Álcool e desespero formam uma mistura ruim, mas típica em toda a Europa do Leste. Para pão ou leite, precisávamos ficar na fila a metade do dia; para manteiga ou farinha, tínhamos que mostrar a carteira de identidade; carne não existia. Aguardente, porém, havia sempre nas lojas, adulterada. O veneno estatal era o anestésico do regime, quanto mais as pessoas cambaleavam bêbadas, menos pensavam em rebelião. Além disso, o álcool encurta o tempo de vida, arruinando as vísceras suficientemente rápido para o Estado economizar a aposentadoria dos bebedores.

Quando não bebemos, é difícil suportar essa bebedeira desesperada dos outros. Quando conheci meus amigos, eu já não bebia nenhuma gota, pois meu pai era alcoólatra, estava bêbado quase todo dia e aquelas canções embriagadas do vilarejo ficaram presas na minha infância. E, desde que conheci meus amigos e me tornei tão próxima deles, o álcool me causava tanta repulsa quanto antigamente. Via que ele inundava a razão de qualquer um.

Em tais dias de embriaguez, mantive-me interiormente à distância, dizendo-me: eles não são tão estúpidos, é o álcool. Em alguns dias, encontrava-me em um espaço intermediário, não inteiramente com os bêbados, não inteiramente comigo mesma. Nossa amizade aguentou, pois era preciso ordenar a bebida lá onde ela pertencia

– ela pertencia ao desespero. No dia seguinte, a bebedeira passava, todos curavam-na dormindo e voltavam a ser os mesmos. E eu estava de novo, sem distância, com eles. Ninguém fazia acusações ao outro, nem uma única vez. E eu também não. Não tinha nada realmente para acusá-los. Sabia que, se eu bebesse, também estaria como eles nesta bebedeira desesperada. Senão, onde poderia estar?

Desesperado e, ao mesmo tempo, louco para viver – no final, o medo não largou Rolf Bossert. Seus nervos estão dilacerados.

Vivenciamos Rolf Bossert como uma pessoa sendo caçada. Quando ele chegava da cidade sem fôlego e com olhos arregalados, contando que cinquenta homens do serviço secreto estavam atrás dele, sabíamos que se tratava da outra sintonia, da mania de perseguição. E ninguém conseguia mais convencê-lo do contrário. Isso doía, pois queríamos tirá-lo desse estado, mas como? A tática da Securitate continuava metodicamente.

Hoje pode-se ler no processo de Bossert – e isto é de estremecer – que o serviço secreto contou com seu suicídio. Está nos arquivos que ele corria muito risco e que deviam deixá-lo sair do país, para que o suicídio não ocorresse na Romênia, mas no Ocidente. E assim aconteceu, três semanas depois de sua partida, no centro transitório, em Frankfurt.

Tudo começou com um assalto. Ele foi espancado na rua, quebraram-lhe os ossos maxilares. Mal deixou o hospital, seguiram-se buscas domiciliares e confisco de seus manuscritos e cartas. Daí o colocaram no carro, dizendo que iriam para o Departamento de Passaportes e que seu passaporte estaria pronto. Mas o carro não foi para o Departamento do Passaportes, o motorista parava sempre na cidade e sempre embarcava uma pessoa a mais. Bossert estava ali, apertado, entre os desconhecidos. Daí saíram da cidade para um pedaço de floresta. Bossert achava que o matariam na floresta com um tiro. Não o fizeram, mas lhe mostraram como seria fácil, se quisessem. O último limiar de normalidade foi ultrapassado. A cada susto somava-se outro, era impossível suportar. Cautela e proximidade não conseguiriam ali alcançar nada mais. E um médico estava fora de questão. O serviço secreto entrava e saía de toda clínica psiquiátrica, manipulava diagnósticos e "tratava" o paciente da forma como desejava. Era impensável, na condição de perseguido político, confiar em um psicólogo.

O caso Bossert nos ensinou, da pior maneira, que pode ser tarde demais, que é preciso fazer as malas enquanto a pessoa tem controle de si e consegue diferenciar entre realidade e delírio, ou seja, enquanto ainda participa suficientemente de si mesma.

Às vezes, acasos totalmente diferentes saltam através de uma palavra comum. Três acasos decisivos encontram-se através da palavra "dedo". Nesses três acasos, a palavra "dedo" atrai a morte como um ímã. Três acasos, cada um com um dedo:

O primeiro acaso aconteceu quando eu acabara de chegar à cidade. Morava com uma menina do vilarejo um pouco maior, como sublocatária. Ela queria se tornar enfermeira e foi, depois do ginásio, para uma escola de enfermagem. Os estágios eram realizados nos necrotérios. Um dia, na cidade, enfiei a mão na minha bolsa e puxei um dedo cortado, ele era de um azul índigo, uma lembrança do necrotério. De quem era aquele dedo morto, o choque, o nojo – jamais esqueceria aquele primeiro dedo.

O segundo dedo: Rolf Bossert disse para o seu círculo de amigos, pouco antes de deixar o país: "Quando eu for embora, não vou mexer um dedo por vocês". Foi uma frase triste e agressiva, marcada pelo estrago, pela dor da separação e pelo medo da chegada na Alemanha. Para mim, a frase soou até maldosa: ele não vai mexer um dedo, mesmo que o diabo nos apanhe. Bossert nunca se fixou nessa frase. No Ocidente, ele falou rapidamente em público sobre os crimes da ditadura – durante três semanas. E então ele pulou da janela. Também no Ocidente não fizeram autópsia, ninguém a solicitou. Deve ter sido mesmo suicídio, ele estava destruído o bastante para fazer sozinho. O causador, no entanto, é a Securitate e o plano pode ser lido nos arquivos. Será que alguém o "ajudou" naquela noite, no centro transitório, na janela de uma cozinha coletiva?

Alguns anos depois, o terceiro dedo entrou em jogo. Uma frase que está no último cartão-postal de Roland Kirsch, antes de o encontrarem enforcado em seu apartamento: "Às vezes preciso morder o dedo para sentir que ainda existo". Também sua morte é chamada de "suicídio", mas ninguém acredita na certidão de óbito oficial.

Não quero dar à palavra "dedo" nenhuma chance de aparecer, por anos, e apontar para a morte. Mas três vezes é demais para não chamar a atenção. Contra a minha vontade apareceu uma sequência com a palavra "dedo". E, com três dedos, uma enumeração. E precisamos contar aquilo que sabemos. Mais que isso não conseguimos contar.

Quando os nervos não são, por um longo tempo, exigidos, esticados e exaltados, eles conseguem se restabelecer um pouco?

O medo crônico e a agitação interior ficam menores. Às vezes desaparecem completamente. Mas nos tornamos facilmente irritados, muito mais do que pessoas que têm nervos intactos. Não digo para mim mesma: agora vou refletir sobre o passado. O passado está atado ao presente e, assim, está no tempo atual. Estou no presente, mas o passado também está em mim, querendo ou não. Preciso comportar-me normalmente, perante a minha pessoa de agora e do passado, isso é tudo. Nada desaparece, não posso imaginar que não aconteceu ou apagar. Literatura não cura nada, preciso olhar para as coisas sempre de modo diferente. Cada um faz isso com a sua vida, mesmo que não escreva. Fala-se de "vida roubada", mas para mim parece que ela está na cabeça, cada vez mais lá. E na maioria das vezes ela chega sem avisar.

Tudo repleto de sentimentos frios

Em O compromisso, a senhora descreve a ida para o interrogatório. Começa com a frase "fui convocada" e trata do que acontece quando o poder age de forma direta, o que isso provoca na cabeça, no coração e na percepção. Antes de tudo: como se é convocado?

De modos diferentes. Às vezes nem somos convocados, mas levados do lugar onde estamos.

Pois ditaduras trabalham intensamente com surpresas, ataques repentinos e inesperados?

Não é surpresa que, num Estado policial, o serviço secreto faça permanentemente coisas contra uma pessoa. Quando ela chama a atenção uma vez como inimiga pública, ela continua sendo isso. O modo, porém, como a coisa acontecia, era sempre uma surpresa. A finalidade do serviço secreto é a destruição da pessoa e ela é a mesma para todos os "inimigos". Mas procuravam para cada pessoa métodos diferentes e encontravam aqueles que mais a prejudicavam. A dosagem e o potencial de destruição dos ataques eram exatamente calculados. A Securitate era uma enorme central do medo com especialistas do medo psicologicamente treinados e com seus métodos do medo. Tinha planos de curta e longa duração como na economia. A diferença é que seus planos eram cumpridos. O único ramo econômico produtivo no socialismo era a produção do medo. E o serviço secreto era, visto de um modo cínico, o único departamento no país que cuidava, que tinha a permissão para cuidar e que precisava cuidar do indivíduo – mais precisamente, para destruir o indivíduo.

A intenção do serviço secreto de arruinar a pessoa estava clara no âmbito geral, mas a intenção de cada um dos ataques era irreconhecível. Queríamos entender, precisávamos avaliar cada detalhe do interrogatório e juntar o todo. O todo para cada um e o todo para o grupo de amigos. Pois estávamos juntos não só por nossa proximidade, mas também nos planos da Securitate. Afetava cada um como a destruição do outro era planejada e conduzida. Quanto mais rápido ela aparecia em alguém, mais rápido ela ia, para os outros, ao âmago da questão.

A confrontação com o serviço secreto era às vezes direta, às vezes encoberta e às vezes escondida.

Os interrogatórios eram diretos.

Encobertos eram as invasões do apartamento e os sinais que deixavam – um quadro da parede em cima da cama, o sapato sobre a geladeira ou uma cadeira da cozinha no quarto. A porta do apartamento estava intacta. Era para eu saber que eles tinham uma chave, que eles poderiam entrar a qualquer momento, quando quisessem, mesmo se eu estivesse em casa. Estávamos no quarto tão disponíveis como na rua, ficar em casa não dava segurança alguma. O apartamento não era mais privado.

O sinal mais pavoroso deixado pelo serviço secreto foi a raposa cortada.

No dormitório, entre a cama e o armário, estava minha pele de raposa. Comprara junto com minha mãe de um caçador do vilarejo vizinho. A costureira faria dela uma gola de pele e punhos para um casaco. Era uma raposa bem lisa, com focinho, patas e garras brilhantes. Era bonita demais para ser cortada. Conservei-a por muitos anos como tapete. Um dia, estava limpando o chão do quarto e o rabo da raposa caiu para o lado. Ele estava cortado. Convenci-me na época de que ele teria se soltado, sozinho. Mas não acreditava, pois era um corte minucioso, bem reto, e não uma fissura. Então pus o rabo de novo na pele. Algumas semanas depois, a primeira pata traseira estava cortada, depois a segunda e, em seguida, as patas dianteiras, e sempre colocadas junto à barriga. Isso continuou por meses. Tinha me acostumado, sempre que chegava em casa, a olhar se algum pedaço da raposa estava cortado. Também deixava ali todas as partes cortadas. Com a raposa amputada, o apartamento inteiro era como uma armadilha. Mas não queria jogá-la fora, pois pensava: enquanto estão focados na raposa, eles me poupam.

Escondidas eram as invasões no apartamento sem deixar sinais. Assim colocavam também os aparelhos de escuta. Os microfones eram instalados a partir do apartamento embaixo do nosso, através do teto, pelos nossos rodapés. Na porta do apartamento de baixo havia uma placa com nome, mas lá não morava mais ninguém. Ele era aparentemente usado pelo serviço secreto apenas como sala de escuta.

Parece loucura, mas está nos arquivos. Ninguém de nós teria pensado que a Securitate faria tanto esforço por nossa causa, que esse regime se agarraria de forma tão paranoica em animosidades e, dia a dia, gastaria energia tão absurdamente.

Convocando-a para o interrogatório, entretanto, o serviço secreto saía de sua cobertura. Como isso acontecia? Chegava uma carta, um homem tocava na porta ou já no último interrogatório se marcava o próximo?

Éramos convocados oralmente para o interrogatório, nunca por carta, para que não houvesse provas. Morávamos num bloco

Minha pátria era um caroço de maçã

de apartamentos, no quinto andar. Alguém batia na porta e lá estava um homem de terno ensebado – um mensageiro. Ele dizia que eu deveria aparecer no serviço secreto no dia seguinte, em três dias ou na próxima semana, a tal hora. Tudo oralmente, ele não tinha papel algum, não precisava de nenhuma assinatura e não esperava nenhuma resposta. Dia, hora, serviço secreto – o mensageiro dizia essas palavras e daí sumia. E eu fechava a porta e a cabeça começava a remoer. Do que se trata desta vez, queria estar preparada. Discutia com os amigos inúmeros cenários. Relíamos os protocolos da memória, cogitávamos eventuais perguntas e refletíamos sobre as respostas. Achávamos na época que nos preparávamos bem, que isso ajudaria. O serviço secreto deve ter se divertido com nossa "preparação" e ingenuidade. Hoje sabemos que o apartamento estava grampeado, que todo diálogo era escutado. Mas pensávamos que estaríamos nos protegendo com truques recíprocos e conselhos, que isso ajudaria. Em vez disso, entregávamo-nos inocentemente aos microfones. Era horrível, quando chegávamos ao interrogatório, já tínhamos revelado tudo para o serviço secreto. Quando éramos convocados, também pensávamos, toda vez, como seria se não aparecêssemos. Nesse caso, seríamos buscados, indiferentemente de onde houvéssemos nos escondido. Mas não havia esconderijo em lugar nenhum. E ser buscado significaria ser preso.

Os piores interrogatórios aconteciam, quando não éramos avisados, mas fisgados da rua. Estava indo uma vez ao cabeleireiro. No caminho do parque, apareceu "por acaso" um policial, que exigiu meu documento, olhou rapidamente para ele e disse: "Venha". Ele tinha um cão pastor, um cassetete e um revólver. Ele me levou para o subsolo de uma casa de estudante. Era uma sala longa e estreita, onde três outros tipos esperavam por mim. O policial entregou o documento para um magricelo acabado, com um dente incisivo de ouro na boca, ele era o chefe. Ele sempre deixava meu documento cair no chão e eu precisava pegá-lo e lhe dar na mão. Dúzias de vezes, se não me inclinasse rápido, ele me dava um pontapé nas costas e no traseiro. Dizia que eu era uma prostituta, uma cadela no cio, que tinha tido relações sexuais com oito estudantes árabes, que me pagavam com cosméticos e meias-calças. "É assim que nos vemos de novo, boneca", afirmou. E eu nunca o tinha visto. A Securitate está o tempo todo atrás de mim, disse-lhe, então ela sabe que eu não conheço um único árabe. "Se quisermos, você terá conhecido vinte", afirmou, "você verá, o processo será bem interessante." Ele tinha um sorriso grasnante. Quando ele começava, os dois outros riam junto, como fazem cães latindo. Eles riam mais alto e mais longamente do que ele, para lisonjeá-lo e ressonar. E eu precisei comer oito ovos cozidos duros, com cebola e sal grosso, da longa mesa onde estavam sentados. Através de uma porta fechada na parede de trás, uma voz de mulher gritava. Eu me esforçava para não mostrar medo e engolia a coisa abaixo, esperando que a voz fosse apenas uma gravação.

Para os amigos eu estava no cabeleireiro. Ninguém sabia que eu havia parado no serviço secreto. As pessoas poderiam sumir e nunca mais aparecer. Ninguém saberia o que acontecera com elas ou onde elas estavam. Havia suficientemente desses enigmas no país, tantos quanto lugares clandestinos por onde vivia o serviço secreto – um labirinto de tortura espalhado pela cidade e pelo país. Centenas de quartos de hotel, apartamentos extorquidos, espeluncas de todos os tipos. Uma vez, estava comprando nozes no mercado e fui levada de lá a um barracão de madeira num pátio interno. Eu aparentemente tinha sabotado o preço normal das nozes, ou seja, pagado demais por elas. Num desses barracões de madeira estava um rapaz, sentado atrás de uma máquina de escrever, que digitou um protocolo sobre minha culpa. Antes de mim, uns dez fregueses haviam comprado nozes pelo mesmo preço e, depois de mim, as nozes eram caras do mesmo jeito. E o cam-

Minha pátria era um caroço de maçã   113

ponês das nozes era um comerciante particular. Tudo era motivo inventado, chicana pura. Recusei-me então a assinar o protocolo que acabara de ser datilografado. Poucas semanas depois, recebi uma citação para comparecer à Justiça. Mas acabaram deixando a coisa esmorecer.

Ser fisgada de algum lugar era meu maior temor. O segundo era um processo encenado – uma condenação real com provas inventadas e testemunhas chantageadas.

Mas por que essa encenação? Por que não diziam simplesmente que a senhora teria escrito textos considerados perigosos ou defendido opiniões que eles não tolerariam?

O interrogador nunca afirmava que você era um inimigo público. Nunca dizia que você criticara o socialismo em seus textos. Como razões para as chicanas ele inventava prostituição ou mercado negro. Ou descobria nos textos "decadência" ou conteúdo "pornográfico". Depois de ter sido posta para fora da fábrica, eu era considerada "elemento parasitário", pois não havia desemprego. Havia o direito de trabalhar e a obrigação de trabalhar. E a máxima socialista: "Quem não trabalha também não deve comer".

Elemento parasitário, prostituição, mercado negro – a meu ver, isso era um teatro absurdo, pois não tinha nada a ver com a realidade. Para a Securitate, porém, eram jogadas de xadrez traiçoeiras, que não tinham nada de absurdo. Pois prostituição e mercado negro eram proibidos, para os dois havia prisão. Por isso tinham concebido esses crimes. Eu devia saber que, por lei, eu poderia ser presa em qualquer dia, mas que eles ainda não fariam isso. Eu devia viver na incerteza, ainda andar livre provisoriamente. Isso devia acompanhar-me permanentemente e enfraquecer-me.

Era uma tática pensada até o último detalhe: minha posição política não era mencionada em nenhum interrogatório, assim como o fato de eu ter me negado a colaborar com a Securitate. Em vez disso, andavam às voltas, durante horas, com crimes inventados, como se fossem uma realidade segura: os lugares onde eu havia feito comércio ilegal, os nomes dos comerciantes. O serviço secreto construía um álibi e deslocava o meu "delito" para o lado criminoso geral. Em vez de assumir a repressão política, o serviço secreto redefiniu-me como criminosa. Assim ele era, em vez de aparelho de repressão, apenas contra prostituição e pornografia – ou seja, preocupado com o decoro e os valores morais no país. Ele negava a perseguição política para evitar qualquer discussão sobre ditadura. Caso tratassem de ditadura, seria necessário falar nos interrogatórios sobre o regime, sobre os detalhes e a realidade. O departamento jamais fazia isso, pois não precisava. É pérfida essa covardia; para o serviço secreto, negar os motivos políticos para as represálias era tanto abnegação como também arrogância. Pois eu precisava participar da encenação e passar metade do dia falando sobre aquela imundice inventada: os lugares onde eu havia praticado comércio ilegal, os comerciantes cujos nomes nunca tinha ouvido.

Éramos tirados de nós mesmos e forçados a ser pessoas inventadas. Éramos confrontados com esse descaramento enorme e sem fim, ficávamos lá, isolados de nossa própria razão. O interrogador parecia presenteado com suas mentiras, gesticulava e batia na sua grande mesa polida. E eu achava que, embaixo de seu couro cabeludo, havia um hospício. Ele não se envergonhava de jeito nenhum, apesar de saber que eu sabia que tudo aquilo, pelo qual precisava me justificar, era inventado. Que eu sabia por que ele não queria falar sobre o regime. Ele era orgulhoso de pertencer, sem barreiras, à ditadura. De não só representá-la, enquanto me interrogava, mas de ser, ele mesmo, de corpo inteiro, a ditadura. De a porta de seu escritório não abrir e fechar uma simples sala, mas sim a ditadura. E eu via um couro cabeludo oleoso, unhas como caroços de abóbora e, quando ele inclinava seus pés embaixo da mesa, a batata da perna branca como gesso. Como não cres-

Minha pátria era um caroço de maçã   115

cia pelo naquela batata da perna, eu pensava frequentemente: ele só viverá temporariamente, então nenhuma ditadura irá ajudá-lo, também ele morrerá. Tinha certeza de que eu gostava de viver e que minha vida não se encurtaria por causa dele. Ao mesmo tempo, entretanto, eu via os muitos arranhões gravados na pequena mesa de interrogatório – abreviaturas, círculos, números, traços – onde estava sentada. Eram vestígios de medo dos outros, que haviam sido interrogados antes de mim. E eu sentia uma tristeza tamanha, como se todos tivessem deixado ali na cadeira seu desespero. Como se eu, que agora preciso estar sentada aqui, fosse só um pouco de mim mesma e muito mais todos juntos.

Não havia repostas quando eu perguntava por que ele silenciava sobre os motivos reais de minha perseguição. Por que ele nunca pronunciaria o nome do ditador, mas apenas um ELE insensível, quando se tratava de Ceausescu. Ele dava um sorriso irônico quando eu perguntava quanto tempo um serviço secreto apoiaria um regime que deixava seu povo passar fome. Se ele sabia que, em cirurgias, eram usados restos da fábrica de meia como ligadura. Se o povo romeno lhe era indiferente. E ele dizia, com ar de desprezo: "Achava que você fosse uma menina inteligente". Só então ele começava a gritar, dizendo que eu era contra aquele povo, apesar de comer o pão romeno. Que eu devia finalmente deixar o país, em direção aos meus fascistas alemães, e trabalhar como prostituta na lama capitalista.

Todas as repartições, sobretudo o serviço secreto, tinham um problema com a Constituição. A Constituição romena era o texto mais subversivo possível. Quanto mais o regime eliminava os direitos humanos, mais a Constituição era escondida. Não se podia ler o texto da Constituição em nenhum lugar, nunca o encontrávamos na biblioteca, na livraria ou no antiquário. Quem a tivesse guardado de algum período socialista possuía um documento secreto. De acordo com a Constituição havia liberdade de opinião, liberdade de imprensa, segredo de correspondência e liberdade de reunião. Até liberdade de viajar – qualquer um pode deixar qualquer país, mesmo o seu próprio. E, nessa questão, fugitivos eram dilacerados nas fronteiras por cães adestrados, mortos a tiro ou triturados no Danúbio por hélices de navio. Nos campos de cereais localizados na fronteira, os camponeses encontravam cadáveres semiputrefeitos na ceifadeira. Ninguém conhece o número dos fugitivos mortos. São milhares, mas até hoje se silencia sobre esse tema na Romênia. Ouvi de médicos que pessoas gravemente feridas eram trazidas da fronteira, mas que eram primeiramente "tratadas" pelo serviço secreto. Quando morriam de hemorragia durante o interrogatório, o médico anotava "infarto do miocárdio", "acidente vascular" ou alguma coisa na certidão de óbito. Frequentemente, porém, não há nem a morte; foram inúmeros os que não voltaram para casa nem chegaram a um outro país. Desapareceram do mapa sem deixar vestígios. A Securitate possuía não só um império secreto do medo para os vivos, como também o seu cemitério labiríntico para os desaparecidos. Com a miséria, entretanto, a fuga se tornara obsessão. Todos conheciam histórias horríveis sobre fugitivos mortos. Uma tentativa de fuga seria, em dois terços dos casos, o mesmo que suicídio – assim era o que se dizia e o que se fazia. As pessoas estavam destruídas, a morte não as amedrontava. Entre uma vida arruinada e nenhuma vida, a fuga era indiferente. Além da pobreza, o desejo de fugir era a segunda grande coisa comum no país. As pessoas eram literalmente loucas para fugir. Liberdade de viajar – o regime violava a Constituição todo dia.

Podemos perguntar por que ela não foi mudada ou ajustada à repressão. Acho que, também neste ponto, trata-se de arrogância, não era necessário. Para mudar a Constituição, eles não só teriam que assumir a repressão, como também formulá-la em palavras. E assim a ditadura se refletiria no texto da Constituição. Mas nesta Constituição velha, atolada de liberdades, predominava a democracia. O regime precisava da Constituição para enfrentar a crítica do Ocidente. E para o país ele se lixava.

Os interrogatórios seguiam uma dramaturgia: havia elementos que se repetiam, como o beijo na mão para cumprimentá-la, e alguns variáveis, como insultos e as formas de fazer pressão. Que campo de ação se tinha?

Não era sempre que davam o beijo na mão, mas com frequência. Intencionalmente com a boca meio aberta e com cuspe. Meu coração congelava até ele soltar minha mão. Eu não podia estremecer nem pensar em limpar a saliva. Depois desse gesto cavaleiresco pervertido, ele mudava o esquete, me chamando de prostituta e cadela no cio. Ele precisava da mistura de gentileza aparente e desprezo para intensificar o efeito da humilhação. Ele sabia que eu preferia ganhar, em vez daquele beijo de mão artificial, um tapa sincero.

O que sempre se repetia eram os conteúdos – afirmações maldosas, insultos ordinários e acusações inventadas. Para a data, as pessoas, o local do comércio ilegal, tinham pensado na rua da prisão – tudo mentido descaradamente, mas apresentado de forma concreta e assustadoramente plausível. Eu precisava negar as invenções durante horas e nunca adiantou nada. Tudo permanecia do jeito que era e com este sabor racista – não bastava à Securitate prostituição com homens romenos, eles precisavam ser árabes.

Eu era a única mulher no círculo de amigos. A acusação de prostituição também era apropriada para difamar o grupo. "O que você vai fazer, se ganhar um bebê ruivo?", perguntou um interrogador. Três dos amigos tinham cabelos ruivos. E eu respondi: "Não se ganha bebê conversando". Só eu era acusada de "sexo grupal", enquanto nunca falavam disso com meus amigos. Era a mentalidade da Securitate: o que era permitido para os homens era uma vergonha para as mulheres. E, no caso do sexo grupal com amigos, eu ficaria grávida exclusivamente dos ruivos. Isso tornava a coisa picante – os lábios do interrogador ficavam ainda mais finos e retangulares de tanto asco. Ele podia mostrar seu asco minuciosamente. O meu nojo em relação a ele era igualmente grande, mas ele não podia perceber.

O interrogador era sempre o mesmo. Quando havia outros, ele estava sempre lá. Os espaços variavam às vezes. Além de seu escritório com sua grande mesa polida, ele me levava de vez em quando para uma sala menor, sem janela, com uma pequena escrivaninha. Para mim havia lá apenas uma cadeira, sem mesa de interrogatório. Era impossível apoiar os braços, precisava sentar ereta, o corpo todo ficava desprotegido. Daí o medo corria da cabeça às pontas dos pés. Quem sabe para que servia a mudança de salas. Uma vez estive numa sala com cadeiras enfileiradas, como no cinema. Às vezes o interrogador me levava para uma sala e ia embora. Precisava esperar muito tempo lá, como se tivessem me esquecido. Era como nos tempos do professor de acordeão, que me deixava sentada e ia para o jardim.

De vez em quando o interrogador saía no meio da conversa, deixando-me sozinha. Eu ficava sentada lá, olhando para o vazio. Não tentava fazer nada. Não tentava andar de lá para cá, suspirar ou colocar a mão com frequência no rosto. Não fazer nada era atormentador, como não se faz nada? Câmeras ocultas certamente observavam como o nervosismo crescia em mim.

E precisávamos, no interrogatório, consentir a conversa, independentemente de quão absurdo e mentiroso tudo aquilo era.

A senhora escreve: "A gente sempre aprende, mas não posso demonstrar isso".

Não devíamos responder de forma sucinta demais, isso levava o interrogador a ter ataques de raiva. Precisávamos deixá-lo sentir seu poder, senão ele se tornava incômodo. Quando as res-

Minha pátria era um caroço de maçã   119

postas eram curtas demais, ele tinha ainda mais tempo para perguntar. Também era arriscado dar respostas longas. Não devíamos dizer coisas demais, não mais do que o absolutamente necessário. Sugerir-lhe perguntas, que ele caso contrário não faria. E, no caso dos temas permanentemente ruminados, não devíamos trazer outras explicações. Não desviar, sempre repetir o que eu mesma ou os amigos já tínhamos dito. Pois também mentimos para nos proteger. Tínhamos as mentiras comuns e as individuais, para cada um. E as mentiras precisavam ser mantidas.

Não devíamos ser teimosos, mas também não submissos. Não sei se a palavra *obediente* caberia aqui. Cada interrogatório permanecia, para cada um de nós, incompreensível – o sentido, a finalidade. Na maioria das vezes, eu nem sabia se eu havia me defendido razoavelmente ou nem percebido as armadilhas.

Parecia um combate, mas não era. Pois não havia nada para ganhar. Nunca pensei que sairia de um interrogatório mais inocente do que quando entrara. Também nunca achei que eles, um dia, suspeitariam menos de mim. Sabíamos que sempre permaneceríamos inimigos do Estado, o regime precisa criar inimigos arbitrariamente para apresentar a repressão como necessidade. Meu status só teria mudado se tivesse trabalhado como denunciante para o regime.

No verão, o caminho de casa, voltando do interrogatório, estava mais claro. Ia sempre a pé, por causa das plantas. Sentia no meu crânio o cérebro, quando as via florescendo. E nas árvores a folhagem estava revolvida e cansada, mostrando-me de onde eu acabava de vir. No inverno escuro, o céu estava esburacado de tanta estrela. "Quem se veste de forma limpa não pode chegar sujo ao céu" – a frase do interrogador estava permanentemente na cabeça, quando reluzia no céu negro. Via os bondes claros como se fossem salas viajantes. E as pessoas sentadas na janela eram expostas a esta luz. Sentia-me de todo modo transparente, então jamais subiria neles. Na ida e na volta, dizia no ritmo dos passos textos de poesia e de canções: "Mundo, mundo, irmão mundo, quando estarei farta...". Eu era de toda forma uma imitação trôpega de mim mesma, o surreal fazia-me bem. Eu era teleguiada duas vezes: uma vez pela normalidade da rua em direção à loucura do interrogatório. E, à noite, da loucura para a rua.

A senhora escreve duas variantes de como se preparar para o interrogatório: a protagonista busca apoio num ritual preciso. Ela levanta com o pé direito, veste sempre a mesma blusa e come uma noz. Seu amigo Paul considera mais importante preparar-se para as perguntas, se bem que, para a protagonista, as que vêm são sempre outras.

Apesar disso, nós sempre nos preparávamos. Em todo minuto desses dois, três dias até o interrogatório pode-se remoer tudo na cabeça. É preciso fazer isso, faz parte da coisa. A partir do momento em que o mensageiro diz na porta que você está sendo convocada, você já está com a cabeça dentro do interrogatório.

Havia espaços de tempo no interrogatório em que a senhora estava lá "para que o relógio não lhe andasse no vazio". A senhora é libertada de ameaças, ataques e violência declarados.

Não havia períodos inofensivos, eles só pareciam inofensivos – monótonos, enfadonhos. Isso não era reconfortante, mas aflitivo. Também quando o interrogatório parava, desacelerava ou era interrompido, isso era planejado. Tapas, puxação de cabelo, gritos e insultos – talvez o turbulento não fosse planejado. Sempre surgiam acasos, já que o interrogador não era uma máquina. E eu também não. Nós nos desprezávamos reciprocamente, tratava-se de sentimentos. Como eu, ele tinha o seu ódio, mas onde em mim estava o medo, nele estava o poder. Ele tinha o roteiro e eu não sabia nunca para onde o interrogatório estava indo.

Havia uma lei, segundo a qual a pessoa só podia ser detida até as oito horas da noite, caso ela não tivesse sido presa. Quando eram oito, nos remetíamos a ela: "São oito horas, caso o senhor não tenha um mandado de prisão, posso ir agora para a casa".

São esses os momentos em que a pessoa esquece seu medo? Ela não provoca ainda mais com tal frase?

Uma frase assim tinha efeito, é o balanço impenetrável entre dignidade e submissão.

Deve-se exigir dignidade também em situações indignas?

Ser submisso era ruim, pois produziria ainda mais arbitrariedade. Era melhor exigir certas coisas, como a lei das oito horas ou mencionar a Constituição. Assim a pessoa mostrava que ela se respeitava. Provavelmente teríamos podido de qualquer modo ir para casa, pois o serviço dele terminava às oito e também ele queria ir embora. Mesmo assim, dávamos uma outra impressão quando nos remetíamos à lei, em vez de sermos liberados por conta dele. Naturalmente ele poderia menosprezar essa lei, como toda outra, mas não se tratava disso. Tratava-se, mesmo que só aparentemente, de autoafirmação. Também o medo mantém sua dignidade.

Há uma cena que põe tudo de pernas para o ar, estratégia, proporcionalidade, distribuição de poder. O interrogador perde o controle, a narradora subjetiva acredita que será espancada, mas ele pega um cabelo do ombro dela e quer deixá-lo cair, quando ela diz: "Bote o cabelo onde estava, ele é meu".

Não se pode conceber uma frase assim de antemão, ela vem de repente, quando a pessoa está acabada interiormente. Eu estava tão perturbada e ele partiu para cima de mim, gritando, que esperei um tapa ou que me puxasse o cabelo. Mas então ele veio para a frente de minha pequena mesa, contorceu o rosto num sorriso e tirou com a ponta do dedo um cabelo do meu ombro. Falei mais rápido do que poderia pensar: "Por favor, o senhor coloque o cabelo de volta, ele me pertence". E ele realmente pôs o cabelo de volta sobre o ombro e atravessou o escritório na diagonal, em direção à janela. Olhou para fora e riu histericamente de sua vergonha.

A senhora fala de uma "satisfação estúpida".

Pois ele também poderia ter se vingado dessa frase. Mas ele se descontrolou demais para fazê-lo. A frase foi mais corajosa do que eu, ela escorregou para fora. Só senti satisfação quando ele já estava na janela, quando vi que então ele não tinha vontade de me castigar por esse incidente. Eu tinha dito "por favor", por favor, coloque o cabelo de volta. Minha pouca coragem foi horrível, era um pedido.

Se a senhora precisasse caracterizar o homem ou os homens que a atormentaram, como a senhora os descreveria?

Em comportamento e mentalidade, todos os representantes do regime que conheci eram iguais. Absolutamente servis para cima e violentos para baixo. E eram provincianos, grosseiros, sem escrúpulos, cínicos, temperamentais e terrivelmente sem educação. Eles não precisavam saber de nada, nem mesmo sobre o comunismo. Mas sabiam bem como tirar vantagem. Nos anos 1950, foram recrutados na condição de homens jovens das regiões mais pobres, eram semianalfabetos, instruídos pelos sovietes stalinistas. Atraso, pudicícia, nacionalismo e simploriedade camponesa com tendências à brutalidade eram cobertos por um glacê ideológico-partidário. Na época ainda não eram novos-ricos do ponto de vista material, mas político, e a tendência à brutalidade era o melhor capital para sua ascensão. Todas as repartições eram criadas seguindo o modelo soviético e os quadros, instruídos em Moscou. Essa primeira geração de funcionários existiu até há pouco tempo,

Minha pátria era um caroço de maçã   *123*

até 1989. Mesmo quando a influência direta de Moscou abrandou, nos anos 1970, os aparelhos não se modificaram. As gerações seguintes de funcionários foram formadas, como novos quadros, com as mesmas características. Também elas não tinham nada de urbano e cosmopolita. Permaneciam camponeses com escrivaninhas polidas e continuavam vestindo terno e gravata. No inverno, gorro de pele de karakul com lã franzida. E para o verão quente, com mais de trinta graus na sombra, os funcionários tinham, já fazia décadas, os ternos verde-mostarda com grandes bolsos internos e jaqueta de manga curta. Eles eram constrangedores na sua "elegância de verão" engomada e socialista. Além dessa moda urbana, os camaradas adquiriram certa astúcia, um olhar enviesado, os gestos largos, o sorriso obsceno, a fala impertinente e a gabarolice vulgar dos gatunos. O representante socialista do autoritário permaneceu fiel no comportamento e na mentalidade, também depois do colapso do regime, até hoje. Vejamos o caso do Putin, no qual podemos reconhecer tudo isso do repartido do cabelo até a sola do sapato.

O funcionário do serviço secreto, que era "responsável" por mim, vinha dessa primeira geração. Ele tinha, sem dúvida, mais de cinquenta anos, certamente já estava então no serviço secreto nos obscuros anos stalinistas. Quando começou sua carreira, os campos e as prisões estavam cheios, os interrogatórios eram desumanos, torturava-se e matava-se. Perguntei-me com frequência quantas toneladas de medo ele já produzira para o regime e quantas pessoas já haviam padecido através de suas mãos. E como ele se julgava piedoso, quando se preparava, entre a casa do porteiro e seu escritório, para me advertir. O prédio do serviço secreto era um bloco de concreto longo e estreito. Numa ponta, a entrada do serviço secreto, na outra, o Departamento de Passaportes. E dentro eles misturavam-se um com o outro. Um corredor longo com janelas levava para a sua sala, e no pátio havia um posto de gasolina próprio. No corredor, ele me dizia que eu não deveria continuar fazendo assim, senão eles precisariam me matar. Ele não poderia fazer nada contra, pois as instruções viriam de Bucareste. Eu disse: "O senhor quer me proteger? Mas o senhor me convoca para me torturar. Essa é a sua profissão". Senti-me incomodada de ter que despachá-lo de forma tão enérgica. Quase tive pena dele. Talvez ele realmente tivesse me advertido ou era apenas uma cilada? Além de desprezo, vingança e ódio, será que ele tinha outros sentimentos que não podia mostrar? O que ele me disse era de toda forma arriscado.

É possível que esse homem tenha desenvolvido uma relação com a senhora que não fosse guiada apenas pelo prazer no poder e na violência? Ou a advertência era um truque, parte do repertório para conseguir uma certa cooperação?

Não acho que ele esperasse algo mais de mim do que aquilo que ele conhecia. Talvez ele se sentisse às vezes mesquinho na sua profissão. Todo mundo tem sentimentos. Eles são inconstantes e jorram. Em toda fase do interrogatório havia sentimentos. É impossível separar o pensar e o sentir. O plano concebido de destruição precisava ser implementado, ou seja, aplicado em pessoas. Desprezo, humilhação, vingança, violência – de cada uma dessas palavras é empregado um acontecimento. E esse acontecimento é assim como os sentimentos são naquele momento. Os conteúdos do interrogatório estavam fixados, mas não as nuances dos sentimentos. Acho que elas decidiam se a coisa ficaria nos gritos ou se viria um tapa. Elas tinham um papel importante.

Entre o interrogador e mim tudo era repleto de sentimentos frios. Uma única e morna compaixão não abalava seu plano frio de destruição. Essa advertência, se é que foi uma advertência mesmo, comoveu-me. Com o interrogador, porém, nem um sopro de cumplicidade estava em questão.

Esse diálogo aconteceu muito tarde, em 1984 ou 1985. *Depressões* já havia sido publicado na Alemanha e eu ganhara, surpreendentemente, prêmios literários. Decerto teve um papel.

Depois da queda do regime, a senhora quis uma confrontação com ele?

Não. O que eu quero com um homem do serviço secreto e o que é confrontação? Já tinha bastante disso. Precisaríamos de uma instituição que levasse a ela. Uma promotoria que investigasse os crimes da ditadura ou uma comissão da verdade como na África do Sul.

Ouvi de meus amigos romenos, entretanto, que meu interrogador voltara para a terra natal, na condição de aposentado inocente. Ele nunca foi processado. Vinha do sul miserável, da Oltênia. Seu trabalho no Banato era suficientemente longe de sua região. Polícia, exército e serviço secreto sempre foram enviados para áreas distantes, para que não abrandassem as represálias por causa de vínculos sociais. Isso garantia ao Estado o trabalho sujo de todo dia, sem escrúpulos.

Mas quando a instituição acaba, quando o poder acaba... A senhora não teve nenhuma necessidade de virar a relação de poder, pelo menos pela duração de uma conversa?

O que eu teria para conversar com o interrogador? Devo perguntar-lhe quem enforcou Roland Kirsch e por quê? Será que ele quer ou mesmo pode responder? A Securitate era uma organização criminosa. Até hoje, nenhum funcionário do serviço secreto precisou se justificar por seus crimes, nem jovem nem velho. E o poder da instituição não acabou, pois muitos jovens securistas foram reempregados no novo serviço secreto. Os velhos dispensados ganham hoje aposentadorias acima da média. Quero poupar meus nervos de uma reunião voluntária com gente que foi ou que é do serviço secreto. Devo hoje ser obrigada a ouvir que eles não me destruíram, mas que me protegeram, já que, diferentemente dos outros, não estou morta? Tenho amigos mortos e conheço muitas pessoas suficientemente destruídas, histórias de vida arruinadas por calúnia, perseguição e prisão. Posso hoje ler meus arquivos, mas o pessoal do serviço secreto foi apagado dali. Também os três anos na fábrica nem aparecem no meu processo.

Tenho uma pilha gorda de transcrições e lá estão as mais variadas pessoas, que vieram só uma vez ao meu apartamento. Mas não há uma única folha sobre Roland Kirsch, que me visitava diariamente. Por que não? Seu nome foi eliminado dos arquivos, como se ele nunca tivesse vivido. Isso deve ter a ver com o enforcamento, não deve?

Isso significa que os arquivos foram trabalhados posteriormente, de forma sistemática?

Os processos não foram apenas limados, eles também foram destruídos na época agitada da revolução, quando o serviço secreto ainda não podia avaliar o alcance dos acontecimentos. Só para dar um exemplo, uma grande carga de caminhão com dossiês foi entornada num desfiladeiro nas montanhas dos Cárpatos.

Quando estive na Romênia, em 1990, não havia mais a Securitate. Haviam dissolvido aparentemente o serviço secreto. Mas hoje se sabe que os securistas continuavam, naquele tempo, a receber seus salários e foram admitidos, sem obstáculos, no recém-criado Serviço Romeno de Informação.* Naquela época, em Timisoara, simplesmente caminhei firme, sem ser incomodada, pelo prédio do serviço secreto. Fui ao porão para ver as celas onde meus amigos ficaram encarcerados. E também para me convencer de que a Securitate realmente não existia mais, inclusive no porão.

---

* SRI é a sigla em romeno. (N. T.)

Encontrei a sala onde os presos eram fotografados. Ali ainda estavam tripés e grandes caixas de papelão com fotos minuciosamente organizadas. Três vezes o mesmo rosto, uma vez de frente com olhos esbugalhados e duas vezes da esquerda e da direita, de perfil, para mostrar o canto do nariz, a ponta do queixo e as orelhas. Sempre a mesma infelicidade e sempre outro rosto. E entre as fotos estavam as fichas com os dados pessoais e as impressões digitais dos detidos. Olhei bem as fotos e as fichas, até que ouvi um barulho atrás de mim. Estremeci, minha bolsa caíra da estante. O coração batia na minha cabeça e eu respirei fundo, convencendo-me de que não precisaria mais ter medo, pelo menos nenhum medo real, no máximo um medo imaginário. Antigamente, eu tinha naquela prisão a escova de dente dentro da bolsa, pois pensava que precisaria ir para o porão, quando o interrogatório acabasse. Agora não havia aqui embaixo nenhuma prisão, só estávamos eu e um medo sem motivo. Sem motivo, mas que parecia real como uma barra de ferro na garganta. Minha bolsa não era como a de antigamente, ela não conhecia o serviço secreto e me parecia, no porão, mais viva do que eu. Para mim, era como se todo o medo de então me traísse com a minha bolsa de agora.

Tudo ao redor estava abandonado, as muitas fotos, eu até poderia me servir: mas qual rosto eu deveria pegar? E para quê? Não sei por quê, mas não fui capaz. Senti-me desconfortável, não encontrei as celas, pois não queria deixar aquele corredor reto e cair talvez num labirinto. Também não estava segura se alguém teria me visto ou estaria atrás de mim. Então cheguei a uma sala, cuja metade era um enorme forno erguido no canto. Um forno com paredes grossas de barro, como o nosso forno do vilarejo, feito para assar pão. Mas muito maior, a portinhola do forno era como a porta de uma sala. Ela estava aberta e havia ali muitos atiçadores longos. O forno estava, até em cima, cheio de papel carbonizado e enrugado, eram arquivos queimados. Pensei na minha avó, pois nosso forno devia ter estado tão cheio como este, quando os russos chegaram ao vilarejo. Quando ela queimou, durante três dias inteiros, a biblioteca do filho, por medo de seus livros nazistas.

Hoje, um ex-securista pode exercitar na Romênia qualquer profissão. Esses homens nunca despareceram, eles serviram-se, através de influência e funções, da propriedade do Estado e tornaram-se "democratas" ricos e arrogantes. Até agora, não ouvi de nenhum deles uma palavra de pesar sobre sua vida anterior. Não há nenhuma discussão pública sobre a Securitate, a polícia ou as tropas de fronteira. A sociedade civil não pergunta nada, nem mesmo dos assassinatos.

Depois da queda de Ceausescu, estive em 1990 pela primeira vez de volta à Romênia, em Timisoara. Encontrei o interrogador por acaso no centro da cidade. Ainda fazia frio, ele trazia o gorro de karakul na cabeça e eu não o teria reconhecido, se ele não tivesse ficado tão assustado. Eu sempre o vira no escritório apenas com a cabeça descoberta. Mas ele reconheceu-me imediatamente e enfiou-se o mais rápido possível numa fila de ovos, no prédio seguinte. Ele sabia que era arriscado, naquela época, ser reconhecido por transeuntes como membro do serviço secreto. As pessoas ainda estavam enfurecidas e intervinham; quando alguém surpreendia o "seu" funcionário do serviço secreto, ocorriam cenas de linchamento.

Segui-o, meti as mãos no casaco para não tremer e me pus ao seu lado na fila. Ele virou a cabeça para o outro lado. Quis gritar, mas fiquei com a boca amarga, não conseguia mais pensar. "Para que isso foi bom? Está vendo que agora é o senhor quem precisa ter medo de mim?" – afirmei, mas muito baixo. Não conseguia falar mais alto, o asco era tão silencioso. Então fui embora. Existe uma raiva que torna a pessoa silenciosa, vazia e covarde? O pior, entretanto, depois de tantos anos, foi que, ainda nesta fila de ovo, eu o tratei, como um reflexo, por "senhor".

O regime enterra seus crimes

Ao lado dos amigos, que podem contar um com o outro até o extremo, aparece várias vezes uma amiga em sua obra. Desde os tempos duros na fábrica ela era sua aliada e a senhora confiava nela.

Minha amiga Jenny era romena e não falava uma palavra de alemão. E não se interessava por literatura. Nem por política. Ela era engenheira da área de tecnologia de soldagem, mas também nunca identifiquei nela um interesse por tecnologia de soldagem. Ela era muito esperta e poderia ter estudado tudo. Não sei como a tecnologia de soldagem chegou a ela. Nunca lhe perguntei, nunca me ocorria falar de sua profissão e, quando estávamos juntas, ela nunca soltava uma palavra a respeito. A profissão não combinava com ela nem com a fábrica, pois acho que ali não havia nada para soldar. Ela ficava sentada numa grande sala cheia de pranchetas e desenhistas técnicos. Ela mesma não tinha nenhuma prancheta, mas uma mesa relativamente vazia.

Jenny era uma figura singular naquela fábrica – ela falava muito e rápido. O que dizia era especial, atrevido e espontâneo. Ela não ficava escutando as palavras por aí, como eu, mas tinha uma linguagem sensual e frívola, que nunca se tornava ordinária.

Sem querer, suas frases eram instintivamente cheias de imagens, independentemente do que contava. Ela acreditava ser apolítica, mas não era assim. Ela não fazia teorias, entretanto, como era muito espontânea, tinha uma espécie de falta inata de compromisso. Através de sua sensualidade, era incorruptível. Sobre a linguagem partidária metalina, os rituais de reunião, a hipocrisia e a tacanhez dos chefes, ela só fazia troça. Nas reuniões, sua paciência estourava, não aguentava ficar horas "estupidamente sentada, até a bunda ficar quadrada" – como chamava o tempo perdido. Sem erguer antes as mãos para pedir a palavra, ela se levantava e dizia bem alto à direção da mesa algo inoportuno, sem nenhum contexto: "Faz horas que estou com fome". Ou dirigia-se ao orador por camarada, chamando-o pelo nome, e perguntava as horas. Isso não era diretamente político, mas ambíguo – comicamente maldoso e tristemente irônico. Como seu pai fora antigamente um mandachuva do partido na fábrica, os chefes toleravam. Sempre tive em mente que Jenny vinha da *nomenklatura*. Mas por que deveria acusá-la disso? Assim como eu não tinha culpa do meu pai nazista, ela também não tinha culpa do pai comunista. E ela não pertencia à *nomenklatura* mentalmente, ao contrário das duas damas da sala de protocolo.

Jenny e eu não tínhamos absolutamente nada em comum. É possível que simpatia surja de forma bem diferente. Às vezes mais devagar, pois vemos o outro com olhos grandes e nos espantamos com isso, exatamente porque somos tão diferentes. Também nunca tive, em todos esses anos, a impressão de que nos tornaríamos mais parecidas. As diferenças permaneceram iguais, a proximidade foi ficando, pouco a pouco, cada vez maior. Acho que esta grande amizade surgiu, pois as diferenças eram exatamente aquilo do que precisávamos. Jenny era, para mim, uma guinada necessária no círculo de amigos – não falar sobre literatura ou política, mas sobre outros temas. Sobre coisas pequenas e triviais. Elas não eram urgentes e eu mesma as escolhia. Só por isso elas já eram importantes. Elas não tinham – e isto era o melhor da coisa – nada a ver com a ditadura. Nunca se tornaram dominantes e escuras como o medo. Dentro do grupo, porém, estávamos tão comprometidos um com o outro e endurecidos que era impossível encontrar ali uma leveza. Mesmo quando fazíamos bobagens em longas orgias de riso, a diversão era audaciosa e permanecia política. Eu gostava tanto de estar com os amigos e queria tanto ser como eles. E eu era assim no grupo. Mas também precisava ser diferente e isso só era possível com a guinada. Para suportar o desespero, o sério, eu precisava supostamente do trivial. A chamada coisa de mulher.

Eu era aficionada a vestidos. Passava metade do dia com Jenny no subúrbio, na costureira. Primeiro falávamos dos modelos, projetávamos os moldes e desenhávamos. Daí precisávamos ir duas ou três vezes para provar. Pensava frequentemente em minha tia com a sua coruja-das-torres empalhada e o seu pai. E como eu podia pegar com o ímã os alfinetes por toda a oficina. Aos domingos, ia com Jenny ao mercado das pulgas, procurar velhos botões de madrepérola, de baquelite, de chifre ou de linha.

E fazíamos passeios pelos parques e pelo subúrbio, onde floresciam as ervas. Roubávamos flores e fazíamos grandes arranjos. Colhíamos as flores em forma de bola dos trevos-d'água e fazíamos coroas, sendo que a densidade de flores permanecia sempre igual. E as hastes curvavam-se sem quebrar e eram tão bem atadas na parte inferior que não se viam os nós. As mãos de Jenny eram desajeitadas, pois ela era uma criança ligeira da cidade. Poderíamos falar da lembrança dos dedos, pois ali minhas mãos voltavam a pertencer ao vilarejo no vale. No subúrbio, a relva floria e balançava de forma vistosa, mas, ao colher, eu não compreendia aquele pensamento de que a terra nos engolia. Parecia-me que, com as ervas colhidas, podíamos afugentar o Estado.

Quanto de sua vida Jenny conhecia? O que ela sabia de suas posições, de sua literatura e de seus amigos?

Jenny sabia que eu escrevia supostamente literatura e em alemão. Mas ela não ligava para isso. Não falávamos sobre escrever. Desde o início, porém, ainda antes de as chicanas na fábrica começarem, ela sabia que eu tinha uma amizade estreita com um grupo de literatos. Que todos os meus amigos eram tidos como inimigos públicos, que passaram por buscas domiciliares e interrogatórios, e que alguns deles até já tinham estado em prisão domiciliar ou na cadeia. No início, só precisei esclarecer-lhe qual era o meu lugar. Daí, passei a contar-lhe cada vez mais, à medida que a ameaça diária na fábrica aumentava.

Antes de me conhecer, ela era uma pessoa protegida, nascida na *nomenklatura*. Ela não se curvava à *nomenklatura*, mas também não se preocupava sobre como estavam os outros. Havia represálias só de ouvir falar, perseguição política acontecia só com outras pessoas, ela não ligava. Para ela era algo desconfortável. Acho que o que aconteceu comigo na fábrica a politizou. As calúnias, a impotência, o disparate, o jogo falso ao qual eu estava entregue – para ela, era inconcebível que o Estado fizesse isso. Ela nunca reagia através de comentários políticos, confiando mais no corporal. Suas pragas eram as mais belas, pois as palavras drásticas eram acompanhadas de gestos refinados e olhos tristes.

Podíamos confiar nessa indignação corporal. Jenny não me deixava sozinha. Todos os outros me evitavam. Ao sentar-se e comer comigo na escada, mostrava em público sua proximidade. Nisso talvez não houvesse uma dissidência, mas valores morais elementares, que se opunham ao ambiente. Para isso era necessário muita autoconfiança.

Nunca pude trazer Jenny para casa, para meu círculo de amigos, ela era suspeita. Diziam que seu pai era um mandachuva do partido, que ela não tinha nada a ver com literatura, política e todos nossos os problemas, e que seu comportamento era ingênuo e superficial. Que eu era negligente, que estava eventualmente me deixando ser espionada e que isso finalmente afetava todos. Que eu trazia, com essa pessoa, um pedaço de insegurança para nosso círculo. Eu sentia que isso não era verdade, que era preconceito. Sentia que não estava arriscando nada, mas não podia provar.

Por exigência do grupo, acabei deixando Jenny fora do círculo de amigos. Não sei se ela desconfiou do porquê. Apesar de contar muito sobre nosso grupo, ela nunca teve a intenção de conhecê-lo mais proximamente. Para mim, no entanto, era difícil deixá-la longe dos amigos. Isso nunca me foi indiferente, sentia-me desonesta tanto com o grupo como com ela. Não podia dizer ao grupo como precisava da leveza que tinha com Jenny e não podia dizer à Jenny que o grupo a evitava. A proximidade com o grupo era irreversível e a proximidade com Jenny também. Todo dia, ambos pertenciam um ao outro e, ao mesmo tempo, eram separados um do outro. Acho que, nesses ninhos de sentimento, está a fera d'alma*.

A senhora não a perdeu de vista. Mesmo depois da demissão da fábrica, Jenny ficou ao seu lado, apesar dessa amizade ser suspeita para alguns?

Jenny morava com seus pais. Também depois de minha demissão da fábrica, nos víamos quase todo dia. Na maioria das vezes nos encontrávamos na cidade, seu pai não queria que eu fosse à casa dele. Ele dissera na minha cara que eu era uma companhia perigosa e ruim para a sua filha. E essa não foi a última casa onde não pude mais entrar.

Depois da demissão da fábrica, eu precisava urgentemente de dinheiro. Jenny arranjou para mim aulas particulares em diferentes

---

* Do original *Hertzier*, título de um dos livros de Herta Müller. (N. E.)

famílias. Eu levava as crianças para a escola, buscava-as, fazia as tarefas com elas ou dava aulas de alemão. Mas isso não durou muito tempo, a Securitate aparecia por toda parte e ameaçava as pessoas, afirmando que o trato comigo teria consequências. Todos obedeceram e disseram que eu não deveria mais vir. Era normal e eu ficava admirada quando eles mencionavam os verdadeiros motivos: "A senhora prejudicará nossa família, entende? Não nos metemos com política". Ou então: "Não podemos estragar o futuro de nosso filho". A maioria inventava diminuições salariais e cursos de balé ou piano, que seriam mais importantes para a criança.

Fui para uma casa de peles, onde fiquei por mais tempo, cerca de três meses. O corredor estava forrado de peles até a altura da cintura e o chão, coberto de tapetes de pele. Sobre as cômodas e a mesa de espelho havia toalhinhas de pele de todas as cores: cinza prateado, preto azulado, vermelho acobreado ou branco pálido, como neve velha. Com pelos longos ou curtos, lisos ou encrespados. A mesma coisa nas vitrines, sobre os móveis. A mãe e os dois filhos calçavam chinelos de pele. Ordenaram-me que tirasse os sapatos no corredor e enfiei os pés nos chinelos de pele para visitas. Também o banco na cozinha era forrado de pele e até os paninhos de panela eram de pele.

O dono era chefe de repartição numa fábrica de pele – mestre de peles, como dizia sua mulher. Eu ajudava os filhos com as tarefas escolares. Nos primeiros tempos, o mestre de peles pagava-me em dinheiro, conforme o combinado. Em seguida, com menos dinheiro e luvas de pele. Depois, apenas com uma sacola com gorros de pele. Não dava para continuar assim. Eu disse: "Pele não se come, eu preciso de dinheiro". Será que eu deveria transformar os gorros de pele em dinheiro? A Securitate se alegraria, pois finalmente seria comércio ilegal. Além disso, era primavera e depois viria o verão. Mesmo se fosse inverno, não daria para comer pele. A casa do mestre de peles sempre cheirava a bolo fresco, açúcar com baunilha e naftalina. Um dia, sonhei que estava a caminho de casa e comecei a sentir pele entre os dedos do pé, atrás dos joelhos e nos cotovelos. Que me sentei num banco e quis esfregar a pele. Não funcionou, pois a pele crescera no corpo. Não me espantei com o sonho, já que ficava sempre com as crianças de três a quatro horas. Para mim, aquele apartamento era como um animal gigante feito de pele roubada. Sei que não há ligação alguma, mas essa casa de pele era como a *ouverture* para a minha raposa dilacerada. Como se houvesse duas épocas de pele, primeiramente a roubada, depois a dilacerada.

E vieram, independentemente um do outro, dois tipos de medo de morte. Meu medo de morte era o serviço secreto. Quando deixei o país, levei-o comigo, pois a ameaça não acabaria na Alemanha. Quando meu medo de morte viajou comigo, veio outro tipo de medo de morte, o relacionado à Jenny, pois ela estava gravemente doente – ela tinha câncer. E esse era o medo de morte no sentido mais rigoroso da palavra ou – como posso dizer – sem perdão. Era o conhecimento horrível de que seu próprio corpo decidira morrer, de que não haveria saída, nem mesmo que fosse intermediária.

Jenny pôde viajar para encontrá-la em Berlim, mas com a missão de espioná-la. Sua doença tornou-a sujeita a chantagens. A senhora descreve a visita da amiga e sua confissão de que estaria ali a mando do serviço secreto. Quando encontrou uma cópia da chave de sua casa na mala da amiga, a senhora colocou-a para fora.

Ela tinha câncer em estágio terminal e já tinha feito de tudo, remoção da mama, quimioterapia. Ela era tão jovem, com trinta e poucos anos, e sabia que não lhe restava mais muito tempo. Queria ver-me mais uma vez, mas não apenas isso. Não foram apenas saudades de mim, mas era um grande pedaço de fome de vida. Daí veio a traição.

Fiquei tão feliz quando ela ligou, dizendo que teria o passaporte e poderia me visitar.

Então ela estava realmente sentada à mesa comigo, em Berlim, na minha cozinha. Eu estava agitada, quando ergui os braços sobre a cabeça, balançando-os no ar, e gritei: "Mostre seu passaporte!". E ela remexeu atrapalhadamente na sua bolsa. Olhei lá dentro, pois ela estava bem aberta sobre o chão, e disse, estendendo a mão: "Mas ele está aqui". Vi então os vistos para todos os países possíveis, França, Itália, e continuei folheando, Espanha, Grécia. Não existia passaporte romeno assim. Então tive que perguntar: "O que você fez para conseguir isto?".

Seria inútil mentir, ela tinha uma missão a cumprir. Ela deveria contar que eu entraria numa lista de morte se não parasse de insultar Ceausescu. Que a coisa já tinha sido planejada em Bucareste e o Ministério não hesitaria, se eu continuasse. Logo depois de minha chegada na Alemanha, eu afirmara em uma entrevista para o *Spiegel* que Ceausescu tinha frequentado apenas quatro anos de escola, que era um analfabeto, que gaguejava e pronunciava discursos cheios de erros gramaticais. Mas ela não precisava me advertir. O que ela não me disse na ocasião: que ela deveria espionar meus costumes, descobrir que cosméticos e alimentos eu usava e organizar uma cópia da chave. E isso era nada menos do que organizar o plano de morte, sobre o qual ela supostamente me advertia. Ela prometeu na ocasião que contaria qualquer coisa para a Securitate, que nós duas combinaríamos antes de ela retornar. Que ela jamais faria alguma coisa que me prejudicasse. Eu estava completamente transtornada e acreditei em toda palavra que dizia. Fiquei convencida de que combinaríamos tudo e que ela cumpriria tudo depois de sua volta. Quando achei a cópia da chave em sua mala, porém, tudo desabou.

Eu gritei com a chave na mão, dizendo que ela me traía. E ela não podia me contradizer, nem tentou. Ela mesma estava trancada, sem palavras, teimosa. Tranquila e confiante, fez a mala sem dizer uma palavra de pesar, como se fosse normal o que havia acontecido entre nós.

Depois de sua partida, não consegui pensar o dia todo em outra coisa, além do quanto gostava dela e de como precisava livrar-me dela. Será que sua autoconfiança e sua indiferença quanto à traição viriam da doença mortal? Será que ela vivia apenas no que ainda restava ou não? Será que já havia nela o olhar dividido, de um lado e do outro da vida?

E a coisa ficou ainda pior: soube que Jenny tinha um caso com o segundo mais alto oficial da Securitate de Timisoara.

Ela mentira para mim, dizendo que seu namorado era um advogado que havia dado um salto na carreira e que ninguém poderia saber que estavam juntos, pois ele era casado. Eu conhecia o cara. Antes de minha partida para a Alemanha, houve uma última busca domiciliar, de novo camuflada como assalto. A porta estava arrombada e, quando cheguei em casa, como sempre a polícia e os vizinhos já estavam lá, um boletim foi feito e faltava um rádio ou coisa assim, para o assalto parecer plausível. Eu já tinha o passaporte e disse: "Achei que as contas já estavam acertadas". O policial era um jovem atraente, bem vestido, e não aquele tipo do serviço secreto, tirado de um manual, com casaco de couro, meias sintéticas e gorro de karakul. Ele disse que haviam impressões digitais – toda a porta estava manchada com um pó verde-alface – e que eu devia ver o que faltava no apartamento. Então eu afirmei: "Não está faltando nada, como sempre. Os senhores estão encenando de novo um roubo. Os senhores são do serviço secreto, então podem ir para o seu escritório e pegar as impressões digitais de seus colegas. Pois o que acontece aqui eu conheço há dez anos, achei que agora acabaria. Só estou esperando a viagem para o exterior, em dez dias ou duas semanas teremos ido embora do país, pensava que estava esclarecido o que era para esclarecer". Ele me mostrou, então, seu documento da polícia criminal e eu disse: "Pare com isso, o senhor deve ter todos os documentos do mundo, sempre que precisa. Se quiser ser padeiro, engenheiro ou farmacêutico, o senhor terá um documento, não acredito no seu documento".

Não estava certa de que ele era da polícia criminal, mas o nome no documento estava correto. Era o futuro amante de Jenny.

Depois da queda da ditadura, quando voltei pela primeira vez à Romênia, foi horrível. Decidi visitar Jenny e falar sobre tudo. Em vez disso, soube que o oficial da Securitate ainda era seu amante. Que estava na prisão por causa de um fuzilamento em massa durante a revolução. Que ela o visitava e o apoiava. Jenny me disse que ele era a pessoa mais sensível que ela já conhecera. Era como uma lavagem cerebral, bati a porta e divaguei pelas ruas, nas quais ainda havia coroas secas de flores para os mortos. Era a segunda vez que brigávamos. E a última vez que nos vimos. Logo depois Jenny morreu.

Vinte anos depois, também o securista de Jenny fez uma segunda carreira, como tantos outros – tornou-se diretor local de uma seguradora austríaca. Numa entrevista, ele vangloriou-se por ter instalado aparelhos de escuta em meu apartamento. E achava que metade do Prêmio Nobel caberia à Securitate, já que eu devia meus temas a ela.

A senhora nunca se perguntou se a amizade de Jenny não teria sido, desde o começo, uma amizade encomendada?

Tive muito medo disso. Entretanto, quando finalmente pude ler meus arquivos da Securitate, verificou-se que, na época, a Securitate não estava absolutamente interessada em Jenny.

Apesar de ser minha amiga, ela não foi incomodada até a minha partida para o exterior. Talvez porque ela tivesse estudado tecnologia de soldagem, não se interessasse por literatura e não pudesse saber o que eu lia ou escrevia, pois não falava uma palavra de alemão. Ou porque ela estava sob proteção de seu pai.

O serviço secreto era uma associação de homens dinâmica, arrogante e provinciana. Mulheres eram tidas como fracas, limitadas e sentimentais. Nossa amizade foi menosprezada, talvez classificada como coisa inocente de mulher. Pelo menos nisso tivemos sorte.

A senhora fala de um novelo de amor e traição, que não dava para desfazer.

Se Jenny tivesse dito antes de morrer que eu deveria ir vê-la mais uma vez, eu a teria visitado de novo. Mas ela não quis. E eu não podia fazer isso contra a sua vontade. Eu também não teria suportado a desigualdade entre nós. Eu, uma pessoa saudável, e ela morrendo. A grande desgraça de ser usado pelo serviço secreto é para torturar qualquer um. Não dá para decidir contra si mesmo que não gostamos mais de uma pessoa que foi usada de forma tão infame. Mesmo assim, tive que me proibir essa amizade, visando a me proteger. Depois da frase de Jenny "não poderia fazer nada que a prejudicasse", perguntei-me sempre a mesma coisa. Será que ela realmente acreditou que não me prejudicaria ao entregar uma cópia da chave para o serviço secreto? A visita foi para ela um "tudo de uma vez", uma ânsia de viver do último presente? Será que negou o alcance de sua missão? Ou estava claro para ela que estava indo da amizade para outro terreno, o da traição? Não era cansativo trair? Fez isso para ela mesma, como última experiência nessa vida tão curta? Ou foi uma prova de amor para o homem do serviço secreto, de quem nunca se distanciou, nem mesmo quando foi preso por massacre? Ela não pensou em mais nada até o fim? Também podemos perguntar o contrário: ela pensou em tudo até o fim, até mesmo em mim?

Quando estive de novo na Romênia depois de sua morte, fui ao cemitério. Perguntei-me se seu amante visitaria às vezes seu túmulo.

Como todos securistas, já fazia tempo que estava em liberdade, supostamente por falta de provas. Fumei um cigarro e fui embora. É o desamparo nos túmulos. Nunca entendi as pessoas que vão ao cemitério como se fosse um parque. Elas passeiam ali, sentam-se nos bancos e leem, admirando a beleza das lápides. Todo cemitério é para mim fantasmagórico, pois sempre imagino os mortos que estão embaixo da terra. Não consigo parar de pensar nisso, não me sinto num jardim ou num parque. Sei que passo por cima de cadáveres, um depois do outro, não como metáfora, mas na realidade.

Desde cedo o cemitério não era para a senhora um lugar sossegado, mas sim assustadoramente vivo.

Desde pequena, o cemitério era pavoroso para mim. Precisava regar as flores, sozinha ou com outras crianças, ao anoitecer. Crianças têm fantasias obscuras e quando não têm livros de contos criam suas próprias lendas. Com frequência fazia muito calor durante o dia, algo como quarenta graus ao sol, e o cemitério era um lugar descampado. Não havia ali uma única árvore, só túmulos ordenados, como um vilarejo, rígida e simetricamente. E quando a fumaça saía do túmulo ao entardecer... Desde cedo você ouve que, quando alguém morre, cobre-se o espelho para o diabo não vir buscar a alma da pessoa. Então ali ele levou as almas dos mortos; elas estavam dentro de cada caixão e à noite saíam. Alguns mortos eram conhecidos, então sabia-se exatamente bem como a alma era. Eu via ali todo o possível, animais, objetos... Atrás estava o lago com os sapos, que tinham um canto subterrâneo; eles pulavam da grama para a água, pois se assustavam quando alguém chegava com o regador e sacudia as plantas, aqueles juncos, balançando, pretos e verdes, em torno da cabeça. Ou no Dia de Todos os Santos, com esse cheiro de velas e os nós, narizes e fios de gotas de cera, assim como a cera costuma correr de forma monstruosa pelas velas, eram figuras brancas assustadoras.

Para mim, cemitérios sempre tinham algo de perigoso. Assim como a paisagem de grama alta, na qual você não vê mais o que está embaixo. Nos cemitérios católicos, ainda há fotos sobre as lápides, o que é particularmente macabro, essas fotos redondas de lápides estão olhando para você. Nunca consigo deixar um cemitério com uma leveza interior. Ou dizer: que belas flores! Frequentemente pensava que os mortos floresciam e que as raízes os puxavam, um mundo terrível. E sei de um outro vilarejo, onde chamam a fonte do cemitério de "água de bigode", pois a água subterrânea escorria do bigode dos mortos. No cemitério do vilarejo, ninguém era cremado. A pessoa era colocada inteira na terra dentro de um caixão e eu sabia, então, que aquele lá embaixo me via pelas solas do pé.

Nos cemitérios também tenho medo da morte, de que ela pegue alguém que tenha chegado muito perto dela. Que ela perceba isso e pense que talvez deva dar uma experimentada. E se você tiver alguém no cemitério que seja um próximo seu, você também se encontra perto de sua morte.

A grama alta e a relva faminta aparecem depois, mais uma vez, no contexto do "cemitério dos pobres", que não era apenas destinado aos pobres, mas também às vítimas do serviço secreto. A senhora não quis falar a respeito no começo, pois temia que ninguém no Ocidente acreditasse.

No cemitério dos pobres de Timisoara estava enterrado o crime político, por um lado enterrado e por outro apresentado. Ali o regime enterrou seus crimes. Com tantos mortos, provavelmente não se sabe quem eles são. Alguns túmulos tinham cruzes de madeira, mas a maioria não tinha nada. Sob a grama alta, apenas suspeitávamos do contorno de cada túmulo. Os mortos chegavam embaixo da terra provavelmente sem caixão, o Estado não ia ter ainda despesas com eles, enterrando-os sem custar nada.

O cemitério dos pobres ficava num bairro novo normal e parecia um pedaço de terreno baldio atrás de uma cerca de concreto bem alto, no meio da cidade. Podia-se entrar e sair, como quisesse, a entrada era uma porta de metal deformada. O cemitério era relativamente grande, uma paisagem bravia de relva florida. Podia-se olhar lá dentro dos andares de cima dos blocos habitacionais.

E lá dentro estava essa casinha de concreto e no meio da casinha, uma mesa de concreto que batia na cintura. Sobre essa mesa de concreto havia na ocasião um corpo afogado, uma jovem nua com lama no cabelo. Mas ela não tinha se afogado, ela fora afogada e estava com as mãos e os pés amarrados com arame. Na frente dessa mesa de concreto, meu coração subiu pela boca, pois lembrei do "visitante loiro" na fábrica. E das têmporas saltavam duas frases: "Vamos jogá-la no rio" e "quem se veste de forma limpa não pode chegar sujo ao céu". Nesse lugar, vi meu futuro pronto.

A casinha era uma pequena sala monstruosa com apenas uma fenda estreita como abertura, mas sem nenhuma porta. Na parede, uma pia. Na parede externa, alguém escrevera com tinta a óleo vermelha "vampiras" – "sanguessugas".

Procuramos nesse cemitério o túmulo do homem que supostamente promovera um dos assaltos encenados ao nosso apartamento. Ele já estivera na prisão, quem sabe por quê, e lhe atribuíram ainda esse roubo. Contaram-nos que não houvera processo, pois o assaltante morrera na cadeia. Seu nome era Seracu – que, em romeno, significa "o pobre". Como perguntamos de seus parentes, disseram que ele não tinha ninguém. Esse nome conduziu-nos ao cemitério dos pobres. Lá encontramos de fato um túmulo com uma cruz de madeira, sobre a qual estava esse nome. Sobre o túmulo havia na ocasião, quando o dia estava quente, flores frescas.

O que fazer com tal lugar depois da queda da ditadura? Na Romênia, nada. A casinha de concreto está lá, exatamente como antes, assim como a palavra "sanguessugas" na parede externa.

Respirar aliviada duas vezes

Após a queda da ditadura, a senhora solicitou seus arquivos do serviço secreto, mas demorou para recebê-los.

Recebi-os só em 2008, ou seja, dez anos depois da criação da repartição romena para a investigação dos arquivos da Securitate, que, por sua vez, só foi fundada dez anos depois da queda da ditadura. E nessas duas décadas os arquivos ficaram no recém-inaugurado SRI, o serviço de informação. Quando autoridades querem examinar um arquivo, elas devem requisitá-lo primeiramente ao serviço secreto e lá estão, em grande parte, os velhos securistas, que o examinam bem antes de liberá-lo. Ou dizem que o arquivo "ainda está em estudo".

Como já mencionei, os securistas mais jovens foram recrutados, sem obstáculos, pelo SRI. No seu novo departamento, os novos velhos securistas deram-se um bom tempo para limpar os arquivos que eles mesmos tinham aberto, ou seja, que conheciam a fundo.

Inicialmente, as autoridades contaram-me que não havia mais arquivos, pois durante a revolução a população teria invadido o prédio do serviço secreto e destruído os documentos. Um dia, mais tarde, mandaram-me vinte páginas. Nas vinte páginas, entretanto, não havia uma única ocorrência que tivesse a ver comigo. Não era nem mesmo um engano, mas sim uma mentira muito burra, uma arrogância que eu conhecia de antigamente, para a qual não via a necessidade de inventar um motivo plausível.

Muitos anos depois, finalmente, recebi meus arquivos, um depois do outro, em dois grandes lotes. Mas nada completo. Faltavam anos inteiros, a fábrica nem aparece. O carrossel dos denunciantes assim como os nomes falsos podem ser encontrados. Também os lugares, os diálogos, as avaliações, as propostas de planos de difamação. Mas faltam os mandantes. Não é mencionado nos arquivos um único securista profissional. Eu esperava que pudesse tirar de meu processo qual securista vigiara Roland Koch por último, que ali estivessem suas cartas para mim ou a última carta antes de sua morte, como cópia com comentários. Foi curto o tempo entre essa última carta e sua morte. Não havia acasos na "distribuição postal". O serviço secreto pensava precisamente, sempre, qual carta, para quem, quando e por que seria entregue ou interceptada. Mas os arquivos ocultam até mesmo os mortos suspeitos de suicídio ou assassinato. Se a Securitate não tivesse nada para esconder, isso poderia estar no arquivo. Se é inocente, ela pode provar sua inocência com base nos arquivos. Por que não faz isso?

Mas todos os criminosos, grandes ou pequenos, devem ser protegidos e por isso não são mencionados. Um exemplo é a visita do jornalista Rolf Michaelis, de Hamburgo. Quando eu ainda não podia deixar o país, ele quis me visitar em Timisoara logo depois da publicação de *Depressões*. Ele me enviou um telegrama e viajou à Romênia. Mas eu não estava, pois seu telegrama não chegou a mim. Só na Alemanha ele me contou como fora sua visita. Era inverno e o transporte público estava suspenso para economizar combustível. Um homem "solícito" no hotel se ofereceu para levá-lo ao meu bloco habitacional. Também não havia energia, o elevador não funcionava, a escadaria estava escura e ele subiu a pé até meu apartamento, no quinto andar. Quando tocou a campainha, três vultos saíram da câmara da conduta de lixo e o espancaram. Quebraram-lhe os dedos dos dois pés e o deixaram largado na frente da porta. Ele se arrastou para baixo, em direção à rua, onde, para sua surpresa, o motorista "solícito" o esperava. No hotel, Michaelis empacotou suas coisas e viajou de volta o mais rápido possível.

Também falta no meu processo o telegrama interceptado e, naturalmente, não há uma palavra sobre sua visita e o ataque. Será impossível responsabilizar alguém só pelos arquivos.

Além disso, também é oficial que estão bloqueados os arquivos do exterior, correspondentes às perseguições seguintes feitas aos emigrantes no Ocidente. Na Romênia atual, eles ainda são classificados como segredo de Estado. Por que a Romênia não quer desmascarar seus antigos agentes da Securitate? Ela ainda precisa deles? Eles ainda estão ocupados, talvez com outras coisas? Eu espero que não para as mesmas coisas. Existem vários emigrantes romenos assassinados, mas nenhum criminoso condenado. Por que a Romênia atual se sente obrigada a proteger os assassinos? Talvez eles nem precisassem entrar ou sair do país, talvez vivam até hoje em paz, entre nós no Ocidente.

Até agora, nenhum governo romeno empreendeu alguma coisa para esclarecer os crimes da Securitate. Uma vez, recebi uma citação da Secretaria Federal de Proteção à Constituição, em Berlim, pois um agente romeno havia sido preso, ele era suspeito de estar na Alemanha com ordens para assassinar. A polícia encontrara o meu endereço em suas anotações. Eu conhecia seu rosto de algum lugar. Mas disse para a polícia que nunca o tinha visto. Isso porque, depois das suspeitas maldosas no centro de acolhimento em Nuremberg, não queria nunca mais ter a ver com esses serviços, não podia mais confiar neles, mesmo que fosse a meu favor. Só os arquivos do serviço secreto romeno poderiam esclarecer a suspeita e, sem o esclarecimento, fica sempre um sentimento ruim para trás.

Mas houve descobertas surpreendentes no processo? Havia amigos e pessoas íntimas entre os denunciantes da Securitate? O recrutamento de amigos e até mesmo de cônjuges eram instrumentos importantes para o serviço secreto.

Essa era provavelmente a intenção nas tentativas de recrutamento na fábrica. Eles não contavam com o fato de que eu me recusaria, mesmo ameaçada de demissão. Eu também deveria provavelmente espionar na fábrica. Mas, sobretudo nos meios artísticos da cidade e principalmente no meu círculo de amigos. Só assim consigo explicar o fato de que o "visitante loiro", como ouvia já naquela época de escritores romenos, era o responsável não só pela fábrica, como também pela literatura. Não podia imaginar naqueles tempos que o serviço secreto invadia relações estreitas e íntimas através de pessoas de confiança. E não acontecia apenas através do envenenamento das relações mais próximas. A Stasi chamava de "corrosão", uma palavra macabra e um conceito forte nas suas transações cotidianas. Corroer soa como apodrecer, como destruir. E esse conceito nem é exagerado, pois corresponde à desgraça que era provocada pelo envenenamento das relações.

Depois de estudar meu processo, consegui respirar aliviada duas vezes.

Em primeiro lugar: a amizade com Jenny era verdadeira, o serviço secreto entrou no jogo só no final.

Em segundo: não havia, no nosso círculo de amigos, nenhum denunciante.

A Securitate não conseguiu cooptar nenhum de nós, não conseguiu envenenar nossa amizade. Éramos espionados tanto individualmente como em grupo, mas só por fora, por vizinhos, colegas, conhecidos e jornalistas. Não foi surpresa encontrar isso nos arquivos. O que me assustou profundamente foi o fato de aparelhos de escuta terem sido instalados por todo o apartamento, de que éramos ouvidos em todos os cômodos, em tudo que acontecia em casa, dia e noite. Provavelmente o serviço secreto decidiu fazê-lo, pois não conseguira se infiltrar no círculo de amigos, o esforço empregado para isso é espantoso. Não só aparelhos eram escondidos. Para instalá-los, perfuraram o teto do apartamento de baixo e o assoalho do nosso apartamento. Os aparelhos em nosso apartamento eram ligados com os de baixo. Ficávamos frequentemente atônitos nos interrogatórios com o que sabiam e perguntavam. Não tínhamos telefone, então eles não podiam interceptar as ligações. Mas achávamos que as informações viriam de microfones direcionados. Que eles estavam às vezes lá fora nas ruas e podiam nos ouvir através das janelas fechadas dos carros estacionados ou da vizinhança, nos andares de mesma altura do bloco habitacional. Assim nos explicávamos o conhecimento inexplicável da Securitate. Apesar das chicanas permanentes, nenhum de nós pensava que estaríamos tão alto na lista dos inimigos do Estado. Não tínhamos ideia de técnica, por isso também menosprezávamos o equipamento da Securitate. Achávamos que eles estariam na idade da pedra com a sua técnica, assim como tudo nesse país miserável.

E o segundo maior susto ao ler meu processo foi a infâmia com a qual a Securitate executou meu desmerecimento na Alemanha. As calúnias na fábrica foram apenas o começo. Depois de minha demissão, a Securitate elaborou dúzias de planos e métodos com "medidas para desinformação" e os empregou para a minha difamação.

Se a senhora fosse considerada denunciante no Ocidente, tudo o que dissesse ou escrevesse sobre a ditadura seria inverossímil. Era esse o plano?

Antes de receber meus arquivos, pensava que eles haviam me deixado ir para o Ocidente para buscar os prêmios literários, para mostrar que a Romênia não era tão restritiva como o Ocidente afirmava. Mas essa opinião era ingênua. Os prêmios literários desempenharam um papel menor. O motivo principal da viagem foi outro: desacreditar a minha pessoa, de forma duradoura, como oposicionista e perseguida política e, implicitamente, também os conteúdos de meus livros e minha crítica pública ao regime. O serviço secreto esperava e até contava com a possibilidade de eu ficar na Alemanha. Queria me ver longe da Romênia. E eu deveria tornar-me tão comprometida que ninguém mais acreditaria em mim, independentemente do que eu dissesse ou escrevesse sobre a ditadura. O plano era realmente maldoso, inteligente, diabólico. Era assim: o boato de que eu era uma agente torna-se, sem sombra de dúvida, verossímil, se eu, paralelamente à sua divulgação, aparecer no Ocidente, já que, fora os beneficiários do regime, ninguém tem permissão para viajar. Para a divulgação do boato, mandaram para as redações alemãs de televisão, rádio e jornal cartas me denunciando como agente. Elas haviam sido elaboradas pela Securitate. Daí, romenos que eram enviados para o exterior – por exemplo, com um conjunto de folclore – recebiam a tarefa de jogar as cartas, com suas próprias letras, nas caixas postais no Ocidente.

Juntaram-se a isso as ações dos suábios do Banato, que me acusaram de ter escrito *Depressões* sob encomenda da Securitate, visando a difamar o germanismo da minoria. E por isso eu teria sido gratificada com uma viagem para o Ocidente. Várias vezes apareceu na Alemanha do Sul uma tropa desses "conterrâneos" com a tarefa de atrapalhar as leituras públicas. Eles batiam com os pés, berravam, gritavam. Assim muitas leituras foram interrompidas. Na época, eu não sabia como o ódio dessa "delegação suábia" estava associada à Securitate. Só nos meus arquivos pude ver que, também nos conselhos da agremiação nacional dos banatos, se encontravam agentes da Securitate. E que a agremiação dos banatos usava sua influência nos conselhos das emissoras para chicanear redatores que haviam feito entrevistas comigo.

Até hoje não entendi por que a agremiação dos banatos permaneceu todos esses anos indiferente à ditadura na Romênia. Como se a pátria fosse um livro ilustrado e não um Estado de repressão. Vilarejos e papoulas, música popular e trajes típicos, costumes e tradição eram os temas de sua pátria. E bem isto a ditadura destruiu. Os vilarejos ficaram vazios, todo mundo só queria sair daqueles três séculos de história local. Nos vilarejos torturados pelo socialismo, o sentimento de pátria transformou-se em uma mala. Para que serve uma pátria na qual não se pode viver? A agremiação nacional dos banatos nunca disse uma palavra a respeito.

Em 2009, ao fazer uma pesquisa, um cientista descobriu os arquivos da Securitate sobre Oskar Pastior. Logo depois de voltar dos campos de trabalho forçado, Pastior foi obrigado a trabalhar para o serviço secreto. Quando entrou na Alemanha, ele contou tudo às autoridades, mas daí silenciou por décadas e isso veio à tona só depois de sua morte. Se ele ainda fosse vivo, a senhora lhe teria dito para escrever a respeito? Quais perguntas a senhora teria?

Eu gostaria de saber exatamente como fora o recrutamento. Num bilhete que encontramos depois de sua morte, está escrito, embaixo do título "Teste de Reconstrução", a palavra *kidnapping*.* Essa palavra me aterroriza. Não só nos textos, mas também nas conversas, Pastior sempre refletiu de forma precisa sobre cada palavra. Ele nunca exagerou, era moderado nas formulações, sem exceção. Nesse bilhete, porém, está escrito *kidnapping*. Só consigo imaginar algo terrível a respeito. Eles colocaram-no num carro? Ameaçaram-no fora, nos campos, ou prenderam-no num quarto? Sabe-se que havia muitos lugares clandestinos, apartamentos extorquidos em prédios particulares, quartos de hotel, barracões,

---

* "Sequestro", em inglês. (N. E.)

construções isoladas de todos os tipos, um labirinto da morte, no qual a Securitate chantageava e torturava, sem impedimentos. Já mencionei como eles levaram Rolf Bossert de carro para um pedaço de floresta. O *kidnapping* de Pastior, entretanto, aconteceu 25 anos antes, quando os métodos da Securitate eram ainda mais cruéis.

Sabemos do processo de Pastior que ele foi forçado a decidir entre a colaboração e a cadeia. Depois de cinco anos de trabalho forçado, onde vira tantos internos morrer de fome e de frio, ele assinou seu comprometimento, ele tinha acabado de ser libertado e não queria ir de novo por anos para a prisão. Naquela época, não havia condenação por menos de dez anos. Ele não escapou da pena por dez anos, ela o torturou até o momento em que pôde deixar a Romênia. Ele também escreveu no bilhete que teve enxaquecas regularmente. Quando se sabe como Pastior era escrupuloso, pode-se imaginar como o golpe deve ter sido profundo. Perda de autoestima e sentimentos de culpa frente aos outros. Ele chama essa colaboração pressionada de "complexo do asco".

Depois de ter sobrevivido ao trabalho forçado, ele entrou na mira da Securitate por causa de uns poemas sobre os campos, que foram considerados "instigação antissoviética". Eles prenderam--no cinco anos em campos soviéticos e queriam então mandá-lo de novo para a cadeia por causa de uns poemas – não é trágico, quando ainda confiscam a sobrevivência de alguém?

Pastior não escapou de seu comprometimento, não conse-guiu desviar da pena, mas tentou opor-se. Ele raramente escreveu relatos, nem mesmo um por ano. E seus relatos são in-significantes. Acho que nenhum desses escassos relatos surgiu por iniciativa própria. Conheço muitos outros arquivos e admira-me que a Securitate tenha tolerado o desleixo de Pastior. Ele beira a inutilidade. E pergunto-me o que lhe custou essa passividade.

Junta-se a isso a homossexualidade de Pastior. Como tam-bém para isso havia prisão, ele precisava esconder sua vida íntima.

Ele poderia ser chantageado. Também a família não podia saber de nada. Como o Estado e as pessoas de uma cidade pequena, ela também não compreenderia. Ele tinha medo de ser banido. Depois de retornar dos campos de trabalho forçado, a mãe e a avó perguntavam-lhe frequentemente: "Você não tem uma namorada?". Tanto para o Estado como para a família, qualquer outra coisa era impensável. Oskar Pastior falou comigo minuciosamente sobre sua homossexualidade encoberta e a solidão nos campos. Sobre os encontros entre homossexuais na pequena cidade e depois em Bucareste. E como o medo o assombrava, quando conhecidos eram apanhados e presos. E que precisava contar com o fato de que seria o próximo, pois talvez o detido deixasse escapar tudo durante o interrogatório.

Até 1968, quando pôde ficar no Ocidente durante sua primeira visita ao exterior, Oskar Pastior estava nas garras do regime – uma pessoa roubada de si mesma, alvo de ataque para o Estado, forçada a denunciar sob ameaça de violência. Obrigada a colaborar, ou seja, de novo um trabalhador forçado da Securitate. No bilhete "Teste de Reconstrução", ele se descreve como alguém que "se tornou culpado inocentemente". E vejo exatamente assim, não porque ele disse, mas porque li seus sete relatos nos arquivos.

Antes de conhecer os arquivos de Pastior, a senhora reagiu de forma colérica – também por causa da estreita ligação pessoal com ele.

Depois de sua morte, quando ouvi a respeito de sua colaboração, fiquei horrorizada. Não conseguia imaginá-lo como um ágil denunciante. A história com a Securitate tinha mais de quarenta anos, então pensei que talvez ele tivesse sido outra pessoa quando jovem, permanentemente cercado pelo medo. Antes da morte de Pastior, não se podia consultar nenhum arquivo na Romênia.

No meu primeiro acesso de cólera, fiquei indignada com o fato de que, apesar de nossa estreita relação, apesar de nossas longas conversas sobre as condições internas dos campos, sobre a repressão e o fim de qualquer vaidade e qualquer dignidade, apesar desses temas, ele nunca dissera a palavra *Securitate*.

Perguntei-me constantemente como funciona o silêncio, quando se tem uma amizade tão estreita? Eu não sei. Mas ele funciona. Acho que, por um lado, ele tinha um medo enorme de minha experiência com o serviço secreto. Por outro, um medo ainda maior por nós dois, por nossa amizade. E, na amizade, mais medo por ele mesmo do que por mim. E nisso ele tinha razão. Independentemente de como tivesse me contado seu comprometimento e aqueles dez anos, eu não estaria disposta a acreditar em como ele se tornara culpado inocentemente. E em como ele escrevera relatos tão esporadicamente.

Eu teria reagido friamente às suas explicações verbais e achado que ele estaria minimizando, querendo apenas arranjar pretextos.

Para se proteger, Pastior precisou fazer do segredo a sua segunda natureza. Durante anos ele aprendera, da impotência, não apenas a perder, mas também a silenciar. Ele tinha uma fina percepção e uma triste intuição para descaramentos de todos os tipos. Ele considerava esse segredo inaceitável e tinha razão. Depois de tal confissão, eu certamente teria acabado com a amizade e ele teria se despedaçado mais uma vez. E hoje eu me faria acusações, mas seria tarde demais, pois ele está morto.

Depois da morte de Oskar Pastior, pareceu-me que ele vivera sua vida na ponta dos pés. Sempre houve dentro dele um cuidado que era tão grande a ponto de ele mesmo se relativizar como pessoa. Ele sempre tratou todos e tudo com tanta consideração. Não é por acaso que chama suas anotações de "Teste de Reconstrução". Ele entende a maioria das coisas no cotidiano concreto como um teste. Depois de sobreviver, restou-lhe, por todo o tempo de vida, um teste; no centro da pessoa Oskar Pastior estava inserido um receio. A liberdade nele estava na avaliação da opressão, por exemplo, onde ele estivesse, era com o pé direito que atravessava o limiar da porta, que subia no carro e saía do elevador. Não eram brincadeiras, mas necessidades, princípios interiores, que importavam. Liberdade era, para ele, essa redefinição da opressão, Pastior tinha sua própria visão impenetrável sobre as possibilidades de êxito. Falava de "forçador de misericórdia" tanto na vida como no escrever.

Para Pastior, a vida era um exemplar, mas os componentes desse exemplar eram as repetições de um conjunto, de uma série de coisas. E elas tinham suas leis. Acho que, para Pastior, liberdade nunca era desrespeitar uma lei, mas exagerá-la até que ela mesma não pudesse mais ser determinada e considerada – ou seja, até que ela não pudesse lhe ditar mais nada.

As belezas de minha pátria

O ano de 1984 foi importante para a senhora. Depressões *é publicado pela editora berlinense Rotbuch, a senhora ganha o prêmio literário* Aspekte *como revelação do ano, também o prêmio literário de Rauris, e de repente tem a permissão para viajar para a Alemanha, depois de terem até lhe negado viagens como turista para a Bulgária ou a Hungria.*

Quando recebi prêmios de literatura, pude viajar três vezes ao Ocidente. Antes disso, não. Queria ir a Klagenfurt, mas não pude. Naquela época, eu mandei um texto clandestinamente para o Ocidente, por alguém do Instituto Goethe, para o Prêmio Ingeborg-Bachmann. Nem pude, na ocasião, solicitar uma permissão de viagem. Para solicitá-la, o local de trabalho ou o cônjuge precisavam dar uma garantia de que a pessoa voltaria. Depois de ter sido demitida da fábrica, eu não tinha emprego e, como era separada, também não tinha um marido. Meu requerimento de viagem nem foi levado a sério. Em 1984, *Depressões* foi publicado na Alemanha. O serviço secreto decidiu, então, deixar-me viajar – e recebi, sem rodeios, uma vaga como professora e o atestado necessário do diretor, apesar de ele não me conhecer. Nem sei o que houve comigo.

Fui para a Feira de Livros de Frankfurt. E voltei, como me propusera. Mas minha vaga de professora havia sido ocupada, pois eles pensavam que eu ficaria na Alemanha. Foi desagradável para o diretor, pois teve que demitir a professora recém-contratada. A sós comigo, ele reclamou, dizendo não ter entendido como eu poderia ser tão tola. Tanta gente arriscaria a vida para fugir e eu simplesmente retornara, ele não conseguia compreender.

A senhora não esteve apenas alguns dias no Ocidente, mas semanas. Com quais imagens a senhora voltou para o seu país?

Depois do retorno, fui de novo à escola. As pobres crianças estavam na classe com seus casacos e luvas, era inverno e não havia aquecimento em nenhum lugar do país. Toda manhã, porém, havia no portão da escola o controle absurdo do comprimento do cabelo e do uniforme. E toda semana havia o "curso pré-militar" com os uniformes infantis grotescos, com borlas, faixas, estrelinhas e emblemas militares. E havia a raspação de cabeça por causa da coceira, dos piolhos. E raspar a cabeça era o castigo para cada pequeno delito. E de novo havia as reuniões insuportáveis e mentirosas, a hipocrisia e o oportunismo dos colegas. Eu conhecia tudo isso, mas tinha agora como comparar, sabia o que significava poder falar com liberdade. O que significava não precisar viver com duas caras e permanentemente com duas contas, a conta exterior e a conta interior. Pois se alguém na escola dissesse abertamente, por um único momento, o que pensava, iria imediatamente para a prisão.

No Ocidente, entendi o quanto de vida é roubado na Romênia, que não só nos proíbem de falar, como também de viver. Temos roupas ruins, temos dentes ruins – ou nenhum dente –, não temos remédios. As pessoas morrem por ninharias e acham isso normal. Elas não valem nada para o Estado. Não tínhamos aspirina nem algodão, não havia tampões, absorventes, nada. As mulheres saíam por aí com farrapos dentro das calças.

Junte a isso tudo corrupção e suborno. E o fato de que as pessoas podem ser ainda mais rebaixadas e dominadas, desligando o aquecimento no meio do inverno e sonegando alimentos básicos. Obrigando-as a ficar um dia inteiro na fila por um pão e uma garrafa de leite.

Para este Estado, só havia o indivíduo quando este lhe era suspeito ou visto como um inimigo.

Nosso país todo era censurado. Censura não acontece apenas quando uma frase é cortada num livro. Tudo era censura. Tudo passou pela minha cabeça na Alemanha. No Ocidente, pensei sempre no respeito mostrado aos indivíduos também nas menores coisas. Curativos adesivos, adesivos para calos, tampões, cotonetes – todas essas coisas banais. Mas elas não são banais e não são apenas mercadorias. Quem vem de uma sociedade empobrecida, como eu, tem um valor totalmente diferente.

Também observei, como uma criança, as pessoas no metrô, elas tinham mãos tão limpas! Tanta coisa abateu-se sobre mim, o mundo era vistoso, meus olhos doíam, estava claro e as cores, confusas. E eu tinha vindo do silêncio acinzentado da ditadura e da pobreza. A publicidade olhava-me em toda esquina, ela era atrevida e alegre. E eu pensei: assim é a vida quando podemos pensar e falar o que queremos. Foi avassalador, quase insuportável. Isso me deixou alegre, mas também machucou. Não tive coragem de me sentir feliz, eu estava apenas perturbada.

Quando fui pela primeira vez a um restaurante à noite, em Frankfurt, e vi os guardanapos, flores e velas sobre as mesas, assim como o cardápio, tive que primeiro chorar, antes de pedir alguma coisa.

As diferenças entre Leste e Oeste aparecem frequentemente em seus ensaios. Por um lado, ao comparar, a senhora vê de forma mais clara de que modo a ditadura pode acabar com as pessoas; por outro, a vida acomodada traz o perigo da ausência de reflexão. "Eles têm a cabeça cheia de livros, e nenhum deles os levou a compreender um detalhe sequer da falta de liberdade" – essa é a formulação mais afiada nesse contexto. A senhora emprega, como contraponto, o "olhar estranho".

Frequentemente atestaram-me o olhar estranho, mas querendo dizer que ele teria surgido através da emigração da Romênia para a Alemanha, por meio da mudança de um país para outro.

Interpretam o olhar estranho do ponto de vista geográfico, mas ele não é geográfico e sim biográfico e físico. O olhar estranho é uma coisa interior, não é a mudança de um país para outro, mas a perda da autoconfiança. E essa perda eu vivi na Romênia, senti-me durante anos totalmente insegura, roubada interiormente, destruída quando nem pensava em deixar o país. Quando as tripas dos bichos, iluminadas pela lâmpada na geladeira da casa de estudante, se tornaram o animal do coração, quando o lenço de bolso cobria meu escritório na escada e o açúcar de defunto das tílias, a rua; quando o interrogador tinha unhas como sementes de abóbora ou quando a pele cortada no quarto transformou-se de raposa em caçador.

O olhar estranho é para mim o olhar ameaçado, o observar o medo. Ter medo de tudo, também de si mesmo. Talvez não seja apenas medo, mas desamparo, pois nada mais é natural. Pois precisamos olhar as coisas de forma demasiadamente profunda a ponto de não conseguirmos mais ignorá-las. Pois nada mais no dia funciona perfeitamente. Estamos envolvidos demais em todas as coisas, sempre um pedacinho embaixo demais. E isso tudo eu trouxe da Romênia.

Não se escapa disso, é o estrago que se carrega. Junte o novo ambiente. Este não é, em si, imprevisível, mas nós mesmos somos imprevisíveis. Então surgem ligações, a arbitrariedade da lembrança, que torna o inocente algo ameaçador. Você sobe num trem, vê no compartimento a propaganda de um vagão-leito com uma mulher loira vestindo camisola branca, e sobre a imagem está escrito: Inge Wenzel a caminho de Rimini. E esta camisola branca a catapulta de volta à Romênia. Você esteve uma vez em um vagão-leito a caminho de Bucareste e havia no compartimento com você, na cama de cima, uma mulher com camisola branca e você tem o receio de que, nesta viagem noturna, o serviço secreto a coloque para fora do trem.

Por que Inge Wenzel tem na foto a mesma camisola da mulher daquela ocasião, na cama de cima? Alguma coisa salta para fora do tempo. O presente transforma-se naquilo que você traz na cabeça e que você esqueceu já havia tempo, mas ele reaparece inesperadamente e você fica, então, desamparado. Visível ou não, o que é trazido está sempre presente. Sem a camisola no compartimento, a arbitrariedade da lembrança teria talvez saltado para um outro objeto.

Na Romênia, a senhora precisava permanentemente ter cuidado e podia confiar só nos amigos; de repente, a senhora tornou-se, como escritora, o centro das atenções, apresentando-se em público e lendo para plateias. Como a senhora sentiu a troca de papéis?

Um dos convites foi para o prêmio literário de Rauris. Aquele pequeno vilarejo situado nas montanhas e este mundo feito de pedras. O Grossglockner no céu. Parecia-me que a montanha não crescia de baixo para cima, que ela não tinha altura, mas uma profundidade. Que ela estava pendurada como um funil de pedra de cima para baixo, podendo aspirar o vilarejo inteiro. E por todo lado vinha, das travessas, um cheiro de estrume de vaca – isso me lembrou de casa, a tristeza do vilarejo. Apesar do cheiro, não vi nenhuma vaca. E pensei que talvez o cheiro tivesse sido feito especialmente para os turistas, provavelmente com um spray, um spray não para quartos, mas para espaços grandes e abertos. Imaginei que havia na Áustria spray de vilarejos com aromas de montanhas, sugerindo vacas no pasto e gramados floridos. Para mim, sprays eram de toda forma algo muito novo, sobretudo sprays de interiores.

Leituras para centenas de pessoas me deixavam solitária interiormente. E eu era mais jogada para dentro de mim do que se estivesse só. Eu conhecia da Romênia apenas a solidão de escrever, o medo das buscas domiciliares, o esconder de textos na casa de pessoas insuspeitas, como no jardim de Jenny. Quando estava na frente do público, o medo cravado de todos os interrogatórios me machucava de forma inexplicável e contra minha vontade. A cabeça latejava, pois eu sabia de onde meus textos vinham e onde eu os lia agora, e que isso era um encontro proibido. Que não podia contar para ninguém, porque não queria ficar reclamando. E que devia estar contente, se as pessoas me olhavam e não viam o que sentia da cabeça aos pés, como se fosse, inteira, proibida.

Mesmo que estivesse permanentemente impressionada, admirada ou mesmo animada com tantas coisas novas, não tinha coragem de me alegrar. Não estava livre na cabeça, achando que a felicidade não cabia a mim.

A senhora falou abertamente, na televisão e nas entrevistas de jornais, sobre a ditadura, indicando os delitos e os crimes do regime, apesar de supor que a estariam observando na Romênia?

Não queria viajar pagando o preço de silenciar. Para mim, era muito importante que soubessem o que acontecia na Romênia. Se quisesse silenciar, poderia ter ficado em casa. Eu queria viajar, mas não ser usada pelo regime. Mesmo sabendo que teria novos problemas ao voltar para casa. Havia muitas pessoas na Alemanha que quiseram me convencer a ficar no Ocidente. Mas o retorno era, para mim, natural. Eu prometera aos amigos, na verdade eu prometera para mim mesma. Estava fora de questão ficar aqui. Não queria deixar ninguém em apuros e não suportava a ideia de que pudessem se vingar nos meus amigos. Falando de forma bem banal, eu não teria tido tranquilidade aqui no Ocidente. Teria me sentido culpada se outros pagassem por mim. E eu não teria conseguido impedir.

Então eu sempre retornei. Precisava entregar o passaporte dentro de vinte e quatro horas. No Departamento de Passaporte, a funcionária do balcão ligava para alguém e eu já sabia o que aconteceria. Os corredores entre o Departamento de Passaporte e o serviço secreto eram ligados, então um minuto depois o interrogador já estava ali. Assim começava a "análise" de minha viagem. Eles haviam colhido tudo, todo programa de televisão, todo artigo de jornal, também as discussões sobre o livro, e eu era confrontada e questionada se realmente teria dito aquilo tudo. Não neguei nada, por princípio. Disse que era tudo de mim, inclusive as vírgulas. E essa foi uma tática estranha, acho que eles não esperavam aquilo, pois ficaram surpresos com a ressonância de *Depressões* e com o fato de eu ter sido condecorada com prêmios. De repente eu não era mais anônima, nem o ponto fraco no grupo. A coisa tinha saído do controle deles. Também porque não funcionara a campanha de difamação, da qual eu não fazia ideia na época. Sobretudo os prêmios me protegeram. Possivelmente também os amigos.

O interrogador sempre perguntava quem me protegia no Ocidente e de onde vinha toda a publicidade. Ele não entendia. Partia do princípio de que eu colaborava com o Bundesnachrichtendienst.* Não conseguia imaginar, por exemplo, que uma livraria ou uma universidade me convidassem para uma leitura pública, sem uma ordem do Estado. Era realmente alarmante como o serviço secreto era estúpido. O interrogador não conseguia imaginar o que era liberdade, não combinava com seu padrão de pensamen-

---

* Trata-se do BND, o serviço secreto alemão. (N. T.)

to. Tudo que estivesse fora do controle estatal não lhe entrava na cabeça. Enquanto eu queria ensinar que no Ocidente havia instituições independentes, ele tinha suspeitas cada vez mais fortes de que eu certamente trabalhava para o BND e só fazia propaganda para o Ocidente. Ele estava convencido de que, também no Ocidente, o serviço secreto estaria infiltrado em toda instituição e recrutaria pessoas do Leste através de chantagens – assim como ele conhecia de seu trabalho de muitos anos.

Depois da terceira viagem, o interrogador disse que minha pátria socialista me dera uma chance, mas que eu fora estúpida demais para aproveitá-la. Eu teria me comportado de forma traiçoeira e ingrata e que agora eles acabariam com as viagens. Nos próximos vinte anos, então, eu teria tempo para visitar as belezas de minha pátria. Depois disso, demitiram-me da escola e fiquei de novo desempregada, como antes das viagens. As chicanas intensificaram-se. Eu não tinha dinheiro algum. Até mesmo os acertos de direitos da edição alemã de *Depressões* foram para a associação estatal de escritores, que precisava de divisas para financiar as viagens de autores e funcionários da literatura. Eu recebi um vale para compras na Intershop. Lá, no entanto, não podíamos comprar alimentos, mas sim "produtos de luxo" como sabão e desodorante, que encontramos em qualquer supermercado alemão. Minha mãe me trazia toda semana carne e legumes do vilarejo, sem ela eu teria morrido de fome.

Foi nessa época que a senhora tomou a decisão de solicitar sua saída do país? Tratou-se de uma decisão ou as coisas caminharam para esse passo, que se tornou inevitável?

Foi uma decisão, mas uma decisão bem tardia. Pois durante anos eu disse que não podia sair todo mundo. Só um precisaria sair e os outros poderiam ficar. Eu não queria admitir que Ceausescu e seu clã ocupavam o país inteiro. A maldade com a qual o regime nos atacou era monstruosa. A ideologia calada, que não precisa de um culto da personalidade, já é terrível o bastante. Mas essa Romênia, com seu culto da personalidade que focalizava tudo em Ceausescu, era obscena. Eu não suportava mais. Eu ligava a televisão e via a cara do ditador, e isso sempre me fazia tremer e chorar. Estava no ponto de ônibus e tinha a sensação de que agora eu precisava gritar muito alto. Entrava no ônibus e achava que precisava perguntar alto para as pessoas como elas ainda aguentavam. Forçava-me a não fazer isso. Mas sabia que eu havia chegado a um ponto que não daria mais, meus nervos estavam tão acabados que logo faria isso. E ir para a cadeia por isso?

Então só podia ir embora, enquanto era tempo. Estava avisada de que Bossert deixara o país tarde demais. A perseguição ficou na sua cabeça, ele tinha medo quando via qualquer carro de polícia na Alemanha, sofrendo com alucinações. Ele não se acostumou mais com a vida. Ainda na Romênia, destruíra a barba com a tesoura, machucando-se pela primeira vez – ainda tenho essa imagem na minha frente.

Às vezes eu pensava que aquela loucura ia, de toda forma, logo desmoronar, mas outras vezes achava que ela estava instalada para toda a eternidade e que duraria minha vida inteira. Eu disse agora "às vezes", mas pensava nisso ao mesmo tempo. Talvez uma coisa em cada têmpora e, para mim, nem era uma contradição. E perguntei-me o que serviria para mim a liberdade, se precisasse esperar por ela até perder a razão.

Quase todos do círculo de amigos solicitaram, pouco a pouco, sua partida. A Romênia com suas incontáveis histórias de fuga, pois todos queriam deixar o país. Para a minoria alemã, porém, havia as palavras mágicas *reunificação da família*. Sob esse nome, o Estado vendia os alemães romenos, colocando nossa cabeça a prêmio e visando a altas receitas em divisas. E dentro do país os funcionários cobravam pelos passaportes somas enormes de suborno. Surgiu uma indústria informal de emigração, um sistema de locais escondidos e quase legais, nos quais podíamos nos deslocar para a frente na lista de emigração, pagando muito dinheiro. Pois não havia regras confiáveis e a espera pelos passaportes durou, para algumas famílias, até quinze ou vinte anos. Alguns não pagaram suborno, outros pagaram e se endividaram muito, sem adiantar nada. Mas não se tratava apenas de dinheiro, a maior casa do vilarejo era, na maioria das vezes, a maior garantia de que a pessoa receberia o passaporte rapidamente. O Estado pegava a casa e diziam que o policial ou o secretário do partido já tinham dado uma olhada nela, também esperando impacientemente pela emigração.

Como todos do meu grupo de amigos, eu não queria nenhuma reunificação de família – as rubricas nos formulários não tinham nada a ver com nossos motivos para emigrar. Dizia respeito exclusivamente às tias e aos tios na Alemanha. E estava escrito num tipo pequeno que o requerimento seria inválido se as perguntas não fossem respondidas de acordo com a verdade. Riscamos as perguntas e, em vez das respostas, cada um anotou seus próprios motivos para a emigração: perseguição pelo serviço secreto, interrogatórios, buscas domiciliares, demissão da fábrica, demissão de diversas escolas por causa de individualismo e falta de consciência socialista, censura, proibição de publicar etc. Daí entregamos os formulários. Contávamos com todas as possibilidades, que os formulários fossem declarados inválidos, que fossem considerados provocação e nos mandassem para o tribunal, ou que para eles tanto fazia e podíamos emigrar, já que assim estariam livres de nós, como eu costumava ouvir nos interrogatórios: "Vá para a lama capitalista, lá é o seu lugar".

Não chegou nenhuma reação indignada aos formulários, simplesmente não houve reação. Mas as chicanas continuavam. Visando a manter-me na incerteza, meu requerimento de emigração foi primeiramente ignorado. Depois de alguns meses, provou-se que os formulários haviam sido aceitos. E já depois de um ano e meio, Richard Wagner, com quem eu estava casada naquele tempo, e eu recebemos a notificação de que poderíamos sair do país. Em seguida, o mesmo aconteceu também com os outros amigos. Eles queriam livrar-se de nós, de todo o grupo. Apenas Roland Kirsch, que era o mais jovem de todos, disse que queria ficar mais um tempo e que viria mais tarde. O final da história nós conhecemos. Dois anos depois, ele foi encontrado enforcado. No seu último cartão, estava escrito: "Às vezes preciso morder o dedo para sentir que ainda existo".

Um ano e meio de espera – isso deve, mais uma vez, acabar com os nervos. Como se vive neste "tempo parado"?

A espera parecia não ter fim, pois o resultado estava pendente. Sem trabalho, sem dinheiro, as mesmas chicanas, sem a certeza de que o passaporte chegaria algum dia. Eu vagueava pela cidade com nervos fracos e vontade de gritar em público. Declamava para mim poemas inteiros ou pela metade, assim como algumas rimas antigas e amargas na própria boca e criava novas rimas a mais. Isso continha os passos ao andar. Tentava convencer-me de que eu continuaria normal da cabeça, mesmo se não recebesse o passaporte e tivesse que continuar vivendo ali. Pensava que aquela cidade talvez fosse apenas um mapa, se eu mudasse no lugar certo o lado da rua, talvez estivesse em Berlim Ocidental. Brincava comigo mesma, mudava de lado da rua, continuava no calor infernal e ria de mim. Era quase como na infância, quando achava que os móveis andavam pelo quarto de madrugada e que eu só precisava acender a luz no momento certo para apanhá-los de surpresa.

Após a decisão de emigrar eu cortei, na minha cabeça, a relação com meu país. Mas os pés ainda estavam lá. Eu não conseguia ler mais romance algum, o tempo narrado contrariava minha agitação. E muito menos conseguia escrever textos que contassem algu-

Minha pátria era um caroço de maçã   169

ma coisa. Narrar significava ficar e eu queria ir embora. Também tinha um pouco de medo de que, depois da emigração, eu de repente não estivesse mais lá. E de que nunca mais pudesse entrar no país. Preocupava-me com minha mãe, que não queria partir. E eu tinha medo de algumas separações, sobretudo de despedir-me de Jenny.

E a notícia de que poderíamos sair do país não significava que teríamos o passaporte. Era preciso arranjar uma guia e correr de uma repartição para a outra, de um carimbo para o outro. Ficar em filas por toda parte, esperar, ser rejeitado e voltar no dia seguinte. Era uma loucura a necessidade de carimbos. Do Departamento do Patrimônio Cultural Nacional para o Departamento de Chaminés. E de um carimbo para o outro só podiam passar dois dias. Se não conseguíssemos nesse tempo, independentemente do motivo, todos os carimbos se tornavam inválidos e precisávamos começar do início. Era uma arbitrariedade que só conseguíamos dominar com suborno. Subornar direito era uma arte em si. Dobrar a nota de dinheiro de forma chata, sem deixá-la pequena nem grande demais, dar a soma correta, colocar o dinheiro no lugar certo dentro da guia, para que não escorregasse para fora muito antes, mas a tempo de ser descoberto. Se o funcionário não o visse a tempo, a pessoa já ouvia berros e era rejeitada. Os funcionários estavam acostumados com suborno e se sentiam maltratados quando a pessoa não conhecia esses truques. Havia coisas totalmente loucas. Eu morava no quinto andar de um bloco residencial com dez pavimentos. Eu não tinha chaminé, mas precisava de um carimbo do Departamento de Chaminé, dizendo que eu não tinha chaminé.

Quando a senhora teve certeza de que tudo daria certo? Quando finalmente recebeu o passaporte, quando subiu no trem ou quando ultrapassou a fronteira?

Quando recebemos o passaporte, tivemos a certeza de que podíamos deixar o país. Fomos até a estação fronteiriça de Curtici.

Quando estávamos com as malas na sala de espera, entretanto, ficamos de novo inseguros. Esperávamos pelo trem noturno para Viena. Havia cerca de dez pessoas na sala de espera. A estação toda era tida como região de fronteira, então ninguém podia sair da sala de espera. E três policiais de fronteira andavam de lá para cá, olhando para o vazio, como se não estivéssemos lá. Estávamos sentados em silêncio, um do lado do outro, só falando em voz baixa. Então houve para todos um exame médico. Já era para lá da meia-noite e ouvimos o trem passando fora. Até que um dos policiais nos mandou segui-lo na plataforma. Quando levantamos, outro policial disse: "Vocês três ficam aí".

Éramos três, pois minha mãe também estava junto. Ela já tinha sessenta e dois anos e dizia ser velha demais para emigrar. Não queria deixar sua casa e o vilarejo. Mas cuidaram de fazer com que o vilarejo se tornasse pavoroso para ela. Mostraram-lhe o que aconteceria quando eu saísse do país. Em uma manhã, ela foi buscada em casa por um policial do vilarejo e levada para o posto de polícia. O policial teve um ataque, mas ela não falava suficientemente bem o romeno para entender seus xingamentos e ameaças. Quando seu ataque de raiva passou, ele deixou o escritório e trancou a porta. Minha mãe ficou presa lá o dia inteiro, até tarde da noite. Ela batia na porta, chorava e nada adiantava. De tanto desespero e para passar o tempo, começou a tirar o pó com o seu lenço de bolso. Mas o tempo não passava e havia na pia uma toalha de mão. Com ela, limpou o chão. Quando me contou, eu fiquei horrorizada com o tempo que passou encarcerada e com raiva de sua autodepreciação.

Depois desse tormento ela passou a temer o policial literalmente e quis deixar o vilarejo. E devia mesmo fazer isso. Ela ganhou os formulários e seu passaporte em tão pouco tempo – e sem dinheiro sujo – que pôde deixar o país comigo. Não havia tempo para subornos e também ninguém quis nada. Não sei se apenas o serviço secreto queria livrar-se dela ou também o policial do vilarejo. Ela morava numa casa bem grande.

Então estávamos só nós três sentados na sala de espera e fomos mais uma vez revistados. Os policiais não tinham pressa. Os lampiões da estação luziam através da janela, o vento levava a neve inclinadamente pela luz. O medo de que o trem partiria sem nós tornava-se sempre maior.

Depois de todas as chicanas que haviam sido feitas ainda antes da viagem, depois do assalto simulado e da busca domiciliar, eu não estava mais segura se aquilo que tínhamos nas mãos era realmente um passaporte. De novo achava que tudo era possível. Será que eles realmente enlouqueceram e não nos deixarão sair da sala, dizendo depois que teríamos perdido o trem por conta própria, que tudo aquilo não era uma viagem e que nos mandariam de volta para casa? Eles podiam fazer o que bem entendessem com a pessoa, levando o jogo até a loucura extrema. Daí retornaríamos e não teríamos mais teto algum sobre a cabeça. E eles diriam: você não precisa mais de apartamento, pois vai de toda forma para a cadeia.

Mas nós tínhamos um passaporte na mão. Fomos levados às pressas para o trem. Estávamos ainda no corredor, quando o trem começou a se movimentar. Ainda deu tempo para um policial afirmar, na escada do vagão: "A gente te pega em qualquer parte!".

No passaporte também carimbaram mais uma tramoia de despedida. Nós partimos em 28 de fevereiro e no carimbo lia-se 29 de fevereiro. Este dia não existiu em 1987. Não era ano bissexto. E o carimbo causou-me, em toda repartição alemã, um aborrecimento desnecessário.

Houve na despedida algum momento especialmente doloroso, no qual a senhora pensou: agora alguma coisa se rompeu?

O mais difícil foi a despedida de Jenny. Não conseguíamos nos soltar uma da outra. Ela saiu chorando e eu fechei a porta.

Daí ela bateu e eu abri de novo. Choramos mais um pouco, ela saiu e eu fechei de novo a porta. E ela bateu de novo e eu abri. Então fui com ela até a rua e fiquei observando-a por muito tempo. A rua seguia plana e reta. Era final de fevereiro e um sol gelado precipitava-se sobre a cidade. Parecia-me que a rua ia para baixo nesse dia. E quanto mais distante estava Jenny, mais claramente brilhava a sua jaqueta impermeável ou o choro nos meus olhos – ou os dois. Pensei em uma colher de prata e era isso mesmo. Não tinha nada a ver com despedida, mas nenhuma outra palavra poderia descrevê-la melhor.

Quando a senhora chegou à Alemanha, no centro de acolhimento em Nuremberg, o serviço secreto alemão, que interrogava todo imigrante, suspeitou da senhora, considerando-a agente da Securitate e a interrogou durante dias, enquanto a sondagem de sua mãe terminou em um minuto. Sua mãe também ganhou, depois de pouco tempo, a nacionalidade alemã, mas a senhora, em contrapartida, precisou esperar quase dois anos. O que provocou na senhora essa repetição decididamente absurda?

Achei na época que estava ficando louca, que o mundo havia descarrilado. Na Romênia, a Securitate suspeitou que eu trabalhasse para o BND e agora estou em Nuremberg e o BND suspeita que trabalho para a Securitate. A área do Congresso do Partido de Hitler à minha vista e, atrás de algumas mesas desse centro de acolhimento, está pendurado o mapa da Alemanha de 1939.

Bem antes de minha partida, recebia cartas dos chamados "compatriotas" da Alemanha, nas quais estava escrito que eu não seria desejada na Alemanha. Parecia haver uma campanha organizada, que combinava com as campanhas de difamação promovidas pelos jornais da agremiação dos banatos. Estas já vinham acontecendo fazia alguns anos, desde que *Depressões* fora publicado na Romênia. Mas o fato de o BND suspeitar de mim como agente, neste centro de acolhimento em Nuremberg, foi um choque. Jamais esquecerei do diálogo entre mim e o interrogador do BND. É como a frase da avó: não leve seu pensamento para onde é proibido.

"A senhora tinha a ver com aquele serviço secreto?"

"Ele tinha a ver comigo, há uma diferença nisso."

"Deixe a diferença por minha conta, afinal sou pago para isso."

E então as folhas dobradas com os modelos de rostos, com a ajuda dos quais eu deveria descrever os securistas. Eu contradizia e corrigia onde podia. Perguntei ao interrogador por que ele não se informara sobre minha vida antes de suspeitar de mim. Por que ele não queria saber como era minha vida na Romênia e o que eu achava da ditadura. E ele permanecia teimoso na sua opinião, enquanto eu falava para as paredes. Depois do primeiro, do segundo, do terceiro, até o último interrogatório, ele despediu-se de mim, impassível, com a mesma frase:

"Todavia, caso tenha uma missão, a senhora ainda pode dizer agora."

Nos intervalos dos interrogatórios, eu ia para a rua. Eram tardes que escureciam cedo, a armação nua das árvores, a neve fina como farinha. E o centro de acolhimento chamava-se "água longa" – um nome bonito demais para um bloco de concreto. E na diagonal da rua estava o terreno do Congresso Partidário de Hitler. Aqui e acolá um lampião aceso. Achava que aquele lugar me engoliria. Estava tão desesperada que não teria nada contra se ele o fizesse. De preferência teria partido da Alemanha imediatamente, pois deixavam-me perceber que não queriam me ter aqui. Mas para onde devia ir?

Só conseguia explicar as suspeitas do BND com a influência da agremiação nacional dos banatos. Eles conheciam-se bem, os escritórios ficavam no mesmo corredor do centro de acolhimento. E eu pensava que a agremiação dos banatos era influenciada pela Securitate. Deixava-me perplexa o fato de o serviço secreto alemão não ter pesquisado, ele mesmo, minha biografia e não ter controlado o que a agremiação dos banatos lhe contava. De fazer "consultas" à agremiação, que nunca dissera uma palavra crítica sobre as duas ditaduras com as quais estava envolvida. Ela fora criada por funcionários nazistas depois da Segunda Guerra e, na sua atual chefia, havia burocratas obedientes, emigrados da ditadura Ceausescu. A intersecção dessas duas ditaduras também se mostrou na linguagem dos artigos difamatórios dos jornais da agremiação. Acusaram-me de "recusa patológica" e "ódio" frente ao "meu povo suábio". De que eu era uma das "colaboradoras mais valiosas do Departamento de Propaganda do Comitê Central em Bucareste" e prejudicaria "a imagem dos alemães do exterior na pátria alemã". Chamavam-me de literata de asfalto, um conceito com o qual Goebbels xingava qualquer autor que não "proviesse do folclore alemão". Um outro artigo finalizava com a citação "a cada um o seu", a inscrição no portão do campo de concentração em Buchenwald.

Assim como antes da partida da Romênia, tínhamos que preencher uma guia também no centro de acolhimento. Também precisávamos de um carimbo da agremiação dos banatos, então precisei entrar no escritório deles como requerente e fui recebida com malícia. A funcionária disse que minha aparência mostrava que o ar alemão não estava me fazendo bem.

O BND não tinha nenhum interesse naquilo que a senhora poderia contar da ditadura?

A única coisa política nos interrogatórios era a suspeita de que eu era uma agente, a realidade da ditadura não apareceu de forma alguma. O BND não queria saber nada de minha vida, senão ele não poderia manter sua suspeita. Essa tática lembrou-me a da Securitate, que também só me confrontava com invenções, para não aparecer a realidade. E eu me perguntava como era possível que os dois serviços secretos seguissem o mesmo roteiro sem combinar um com o outro. Eu não tinha um medo físico do BND, mas ele me deixou profundamente deprimida. E foi fatal constatar que, tanto no caso da Securitate como no do BND, nada mudaria nas suas suspeitas inventadas, independentemente do que eu dissesse.

As autoridades queriam permanentemente me prescrever a reunificação de família. E disseram-me que eu precisaria decidir se era alemã ou perseguida política. E eu respondi: as duas coisas. Os dois não era possível, afirmaram, pois para isso não teriam um formulário.

Meu amigo Oskar

A senhora considerou há pouco o escrever como uma mistura de fascinação e enfado. Além disso, o passado torna-se dolorosamente vivo, quando ele faísca no presente. Os medos, a arbitrariedade aos quais a senhora foi entregue, a dor pelos amigos mortos, o ódio devido à existência roubada – nada disso passou.

Sim, escrever é uma necessidade interior contra uma resistência interior. Sempre escrevo para mim e contra mim mesma. Sempre espero para redigir, até que se torne inevitável. Adio, pois sei que, quando começar, isso toma posse de mim de uma forma que me dá medo. Quando estou escrevendo, isso me engole por inteiro. A linguagem suspende o tempo, ela puxa o vivido para uma procura possessa por palavra, compasso e som. Essa precisão tem uma crueldade e também uma corrente da qual não saio mais. Porém também estou ali embalada. Acho que isso também me protege. Existe um magnetismo ao escrever, do contrário não o faria por tantos anos. Acho que esse magnetismo compõe-se de crueldade e proteção. Talvez eu tenha que falar de crueldade, já que não escolhi os meus temas por mim mesma, pois neles estão arbitrariedade alheia e vida roubada. E talvez também tenha que falar de proteção, pois não sei se não estaria totalmente entregue àquelas vivências de forma ainda mais impiedosa, se as palavras, tão difíceis de serem encontradas, não tivessem vindo me ajudar. Das palavras surge uma espécie de fome de palavras. Formam-se novas palavras, mostrando-me alguma coisa que eu não teria visto sem elas.

No escrever, o vivido observa-me mais uma vez, com um outro olhar. Com um olhar vítreo e artificial. Como se, por um lado, ele se conhecesse ilicitamente bem e, por outro, não se conhecesse nada. O ocorrido acontece mais uma vez no escrever. Por isso nada vivido está pronto. Depende totalmente da linguagem se funcionará ou não. Desse conflito vêm a hesitação e o medo de que não estou à altura desse olhar vítreo e artificial. Mesmo também quando hesito, sempre acontece que, em algum momento, começo e escrevo. Acho que há anos confio no escrever. Assim surgiu com o passar do tempo um costume exterior de tentar, com a linguagem, olhar a vida mais uma vez. Isso significa, entretanto, suportar mais uma vez. Mas nesse costume há sempre o medo de que não consigo as duas coisas – olhar mais uma vez e suportar mais uma vez. Mas esta dúvida dupla é natural, senão, no fundo, a pessoa já teria perdido.

Há rascunhos que a senhora jogou fora?

Talvez não tenha jogado, mas desistido provisoriamente. E mais tarde voltei a eles. Quase sempre o começo é inutilizável. Também fico frequentemente cheia da primeira pessoa. Mas quando vejo no segundo, terceiro ou quarto capítulo que a frase ganha uma outra sensualidade quando o "eu" aparece, então posso até estar cheia dele, mas o texto o exige. Quando um manuscrito parece estar pronto, leio-o mais vinte vezes. Cada leitura resulta numa nova variante. Frequentemente há desvios e volto para a primeira variante. Mas isso não é em vão, pois só vejo que a primeira variante é válida depois de ter experimentado vinte vezes novas possibilidades.

Acontece exatamente a mesma coisa quando leio um dos meus primeiros textos. Não poderia mudar nada no conteúdo, mas na respiração das frases.

Qual é a primeira coisa que a senhora sabe quando começa um novo livro? O período de tempo sobre o qual quer escrever, situações isoladas, quais pessoas aparecerão – onde está o que pode ser um núcleo?

Com frequência houve uma única situação, uma situação inicial, que já conhecia mais ou menos o todo, como se concluiria no ato de escrever. O mais ou menos, porém, é o contrário do exato, e, ao escrever, isto precisa tornar-se meticuloso. Mais ou menos significa que ainda está por vir todo o trabalho com o entrelaçado, a estrutura, a sequência dos detalhes. Trata-se de mencionar e suprimir, insinuar e insistir, estender e encurtar, provocar e arrefecer, elucidar e retirar – e tudo isso ao mesmo tempo. Sentimos como os pesos se deslocam e que a lógica da realidade se subjuga à linguagem. É impossível narrar de outra forma. Não é predizível, nem mesmo previsível, como a linguagem decompõe meu conhecimento sobre o vivido, como ela o desmonta e monta de outra forma até surgir uma sequência de palavras que corresponda razoavelmente a ele. Uma sequência de palavras torna-se uma verdade inventada. Nesse processo, tudo é feito artificialmente, o irreal torna-se válido através de sua linguagem adequada. Bem quando o tema é ameaçador, ou porque o tema é ameaçador, ele precisa ser acertadamente belo na linguagem. Eu não aguentaria escrever, se o principal nos textos não fosse a verdade inventada da linguagem, na qual o belo machuca.

Todos os meus textos saíram dessas situações iniciais. Uma exceção é *Tudo o que tenho levo comigo*. Pois ali não se trata de minha própria vida, mas da deportação de minha mãe. Já quando criança, eu sentia que minha mãe trazia um peso nas costas. Ouvia frequentemente a palavra usada no vilarejo para deportar,

Verschleppung [arrancamento]. Mas não entendia, como criança, o que ela significava. Quando criança, sempre tive a impressão de que minha mãe era muito velha. Mas ela não tinha nem trinta anos. E era horrível, para mim, comer sozinha com ela. A agitação e a avidez eram transmitidas a mim, era como uma caça a ficar satisfeita. Se bem que a boca estava só para si, não pertencia a ninguém e parecia estar totalmente sozinha. O jeito tenso de comer tornava a pessoa solitária. A batata era o alimento básico nos campos de trabalho forçado e até hoje, para minha mãe, algo sagrado. Tive que aprender a descascar batatas. Minha mãe exigia que a casca ficasse fina como pele e circular por inteiro, como uma fita enrolada. Ela gritava quando a faca entrava na batata profundamente e quando eu precisava interromper a rotação da faca, rasgando a fita. Ela era capaz de bater em mim quando as rodelas de batata cortadas ficavam desiguais e a superfície de corte, curvada. Depois de voltar dos campos, surgiram de sua fome crônica uma cumplicidade perpétua com a batata e a minha distância em relação à batata. Como se a própria batata fizesse reivindicações quase impossíveis de serem cumpridas, como se exigisse respeito por ela. Se para cada pessoa houver, além dela mesma, um objeto que lhe mostra como tocar sua vida, este é, para minha mãe, a batata. É ela, com certeza, e isso sem ter dito nunca uma palavra a respeito.

A senhora nasceu apenas três anos depois do retorno de sua mãe, quando a deportação estava ainda cravada nela. A senhora sentiu, como criança, o medo relacionado à deportação, mas era um susto sem conteúdo.

Eu não entendia a palavra *arrancamento* e não entendia a palavra "campo". E, como era oficialmente proibido falar sobre deportação, essas palavras eram sempre segredos e murmúrios. Da forma como existiam entre nós, as palavras estavam ainda mais carregadas.

Cheias de esquivez, silêncio e insinuações sucintas, essas palavras tornaram-se enormes para mim, quando criança, assim como todas as proibições que temos permanentemente na cabeça. Eu quase tinha medo dessas palavras. Minha mãe mencionava com frequência a raspagem da cabeça nos campos, enquanto me penteava. E isso não ia apenas para a cabeça, mas diretamente para todo o corpo, o que me arrepiava. Não sei se era o que ela queria. Eu não entendia nada de deportação, mas sofria com ela.

Deportação era a soma das monstruosidades espalhadas e, em meu primeiro livro, *Depressões*, já entrou na forma de fome e sopa de ervas, de passar frio e raspar a cabeça. E já naquela época achei que não bastava ser uma história secundária. Era preciso escrever um livro inteiro sobre deportação. Pensei nisso por vinte e cinco anos e sempre acabei recuando para escrever outro livro. Pois, na minha cabeça, o perigo do tema deportação nunca cessou.

As conversas com Oskar Pastior sobre seus tempos nos campos de trabalho forçado foram centrais para Tudo o que tenho levo comigo. *Foram elas que finalmente a estimularam a ousar tratar desse tema?*

Não, eu pesquisei durante anos. Minha mãe sempre me contou quem de seus conhecidos próximos do vilarejo havia acabado de morrer. Eram sempre deportados. E eu sempre achei que o tempo estava passando, que logo todos estariam mortos e ninguém contaria mais nada. Para escrever um livro, pensei, muita gente precisa me contar alguma coisa. Para recuperar o tempo, comecei a me encontrar com deportados. As conversas corriam de forma similar, pois as pessoas não estavam acostumadas a falar de si mesmas. No geral, porém, os diálogos emperravam. Não havia o cotidiano dos campos nem o pessoal nessa catástrofe. Os detalhes que poderiam descrever o campo estavam soterrados. Também nos relatos já publicados encontrei naturalmente muitos lamentos sobre o sofrimento, e isso sempre no que foi vivido coletivamente. Havia apenas o nós, enquanto eu precisava de indivíduos para contar as experiências coletivas.

Até que o acaso entrou em jogo. Eu estava viajando com Oskar Pastior para uma leitura pública no sul do Tirol. Atravessávamos as montanhas. Eu disse que as árvores mais preguiçosas eram os abetos, eles não faziam nada, ficavam lá, sempre verdes. Árvores de folhas largas têm botões, flores, frutos, colorem-se, lançam suas folhas, trabalham. Não sei por que no Natal colocamos justamente o abeto na sala, com fitas prateadas em cima, como se entranhas estivessem ali penduradas. Oskar Pastior ficou furioso e começou a defender os abetos, já que, no campo, eles teriam sido o último contato com a civilização. Contou-me então deste abeto que fizera a partir de suas luvas verdes de lã desfiadas, acrescentando fios de lã atados em uma armação de arame que pareciam agulhas de abeto. E que felicidade na barraca de ter essa árvore de Natal da altura da mão. Para finalizar, Pastior ainda afirmou: "Para acreditar no abeto, não é preciso acreditar no Natal". Bom, tive que engolir. Também considerei que ele era uma pessoa das montanhas, e eu da planície. Ele com suas montanhas, abetos e floresta, coisas de que sempre gostava. Não só gostava como aceitava como terra natal. E eu, com minha planície, meu campo de milho e o vale do rio, sempre rejeitei a terra natal. Pastior, entretanto, fez a terra natal à sua própria medida, para que ela ficasse próxima, como uma camisa que nunca fica pronta. Ele gostava de seu abeto, de sua cordilheira, enquanto sempre recusei meu campo de milho e meu vale do rio.

É esplêndido que Pastior respondesse a aceitação exterior com o desabamento interior da linguagem. Ele gostava também das mínimas e mais cafonas figurinhas de porcelana de casa. E ele era – isso é insano – uma pessoa convencional da cabeça aos pés. A pessoa mais convencional com as ideias mais loucas, o que eu achava lindo. Ele também era a pessoa mais narcisista e a mais modesta. Eu achava maravilhosas nele essas contradições, que geralmente nunca vêm juntas.

Ao defender o abeto, Pastior contou-me, *en passant*, precisamente aquilo sobre o campo que eu sempre procurava.

Sabia que, se conversasse com Pastior quinze minutos sobre o campo, ficaria sabendo mais do que se falasse com outras pessoas durante meses. Mas não disse isso para ele. E também não tive coragem de perguntar se ele me contaria mais sobre o campo. Depois de defender os abetos, eu sabia que, na sua lembrança, tudo estava guardado nessa precisão. Como achei que era doloroso contar sobre o horror do campo nesse detalhismo, não quis exigir isso dele. Tinha medo por ele. O que também me deixava acanhada era minha admiração por seus livros. Quantas vezes eu deixava na fábrica de máquinas na Romênia o seu *Krimgotischer Fächer* [O leque gótico da Crimeia] dentro de uma gaveta meio aberta e o lia secretamente. E como os pátios loucos desse livro, os pátios dos "paraputas", o pátio dos anciãos do vento, não eram de modo algum surreais naquele terreno de fábrica ramificado. Era como se Pastior tivesse estado na fábrica bem antes de mim, de tão real que eram os pátios de seu livro. Através de suas imagens encantadas, *Der krimgotische Fächer* entendia melhor do que eu em que ambiente perigoso eu vivia. Também fiz uma espécie de fórmula mágica a partir de componentes dos versos de Pastior: "Minze Minze flaumiran Schpektrum".* Quando a vida se tornava, mais uma vez, difícil de suportar, eu tentava me encorajar com esta passagem. O que para vários críticos literários era uma acrobacia linguística absurda para mim era e é, até hoje, a descrição de um mundo descarrilado. Com "flaumiran Schpektrum" eu pedia

---

* Em um artigo de outubro de 1997, Herta Müller traduziu este verso do poeta experimental Pastior como: "Hortelã hortelã me dê uma perspectiva". (N. T.)

à hortelã, um pouco como piada, um pouco triste, que me desse uma perspectiva. Hortelã, no caso, pois em romeno, ralar a hortelã significa desperdiçar tempo.

Contei a história da defesa do abeto para Ernst Wichner, de quem Pastior era muito mais próximo do que eu e que cuidava da edição de sua obra. Ele sabia que já fazia tempo que eu estava envolvida com pesquisas sobre o campo. E perguntou a Oskar Pastior se ele me contaria, para um livro, sobre os seus cincos anos de campo. Oskar Pastior não só aceitou imediatamente, como quis que começássemos imediatamente. Três dias depois o encontrei pela primeira vez.

Qual estrutura tinha a conversa entre vocês dois?

Nossos encontros mantiveram-se sempre iguais: eu chegava às segundas-feiras, às três horas, e ficava cada vez mais, à medida que nos aprofundávamos na narração e na escrita. Era normal que eu ficasse até meia-noite ou mais. Então precisava brecar Pastior, pois ele nunca ficava cansado. E eu entendi quanta urgência estava cravada nessa narração. Era a primeira vez, depois de sessenta anos de silêncio, que Pastior contava sobre o campo.

Queria usar meu gravador, mas Pastior recusou-se a falar ali. Isso era impessoal demais, ele se sentia intimidado. Eu comprava então cadernos grandes para anotar. O que não o incomodava. E no papel ele também podia desenhar para mim coisas do campo, as pás de carvão, os sapatos de madeira, peças de roupa, a torre de refrigeração, o vagão para transporte de gado. Para ele isso era natural e eu também estava feliz de haver anotações com seus desenhos. Um gravador teria nos imposto um ritmo e métodos totalmente diferentes. Não sei se ele havia pensado em tudo aquilo, mas, mesmo que tenha sido uma defesa instintiva, ele tinha razão. Com um gravador, é preciso pôr para a frente, para trás, não podemos corrigir e só gravamos uma vez. Depois talvez nem nos reconheçamos mais. No momento em que estávamos sentados juntos, não tínhamos nada que estivesse conosco ali para pôr preto no branco. A escrita nos deu um apoio.

Em que detalhes a senhora estava interessada, o que a senhora perguntava?

Eram sobretudo coisas aparentemente desimportantes, simples, que me interessavam. Queria descrever o campo só com base no chamado cotidiano banal e a partir da pessoa do indivíduo. E assim eu fazia perguntas bem simples, para começar, questões externas. Como eram as roupas? A louça? O dormitório, a barraca, o terreno, a torre de refrigeração? Ou seja, um monte de detalhes, dos quais o mundo do campo se compunha. E depois vinham cada vez mais perguntas sobre o estado interior dos trabalhadores forçados. Como vocês sabiam as horas? Você tinha um espelho? Quanto tempo a pessoa permanece vaidosa? Vaidade e dignidade são as mesmas coisas? O que é fome crônica? Como a pessoa se percebe, quando é subnutrida e distrófica? Para isso não havia respostas rápidas e simples. E não eram perguntas fáceis. E, como me disse, Pastior só pensara então sobre elas, pela primeira vez, pois no campo ele não se via constantemente por fora. Isso ele não teria aguentado.

Ele sempre me contara que fazia sessenta anos que sonhava com o campo e como ele era sempre deportado de Berlim para outros lugares. Como minha mãe, também no caso dele o campo permaneceu escondido em alguns costumes. Nos menores costumes, o que é pior. No jeito como ele comia – de forma bem diferente da minha mãe, mas de um jeito artificial. No caso de minha mãe era assim, como se ela fosse fugir do alimento que estava comendo avidamente. Já no caso de Pastior, era como se ele fosse deslizar para dentro da comida. Ele comia devagar com o corpo todo, com todos os poros, robustamente, quase que desesperado, mas alegremente desesperado. Mas também distante como minha mãe. O outro era excluído, não tinha nada o que fazer na fome dele.

Pastior respondia precisamente às minhas perguntas. Às vezes ele corrigia uma resposta, quando eu voltava a encontrá-lo. Daí eu sabia que ele ficara pensando na pergunta a semana toda. Minha mãe não consegue nem me dizer se havia quinze ou sessenta pessoas na barraca. Talvez ela já não soubesse logo depois, como não conseguia suportar, reprimiu. Ou ela sabe até hoje, mas não consegue dizer. Precisei perguntar-me se a lembrança tem mais a ver com a memória ou com o natural de uma pessoa. Ou então se apenas a percepção durante o vivido decide o que a pessoa mais tarde sabe ou esquece. A memória de Pastior impressionou-me, pois seu olhar registrara todos os pormenores. Tudo que Pastior me contava e como me contava parecia ser para ele casual. Para mim, no entanto, tudo era essencial.

Através desse processo, voltaram algumas lembranças para ele ou elas ficaram mais definidas?

Certamente. Ele me mostrou processos de trabalho como descarregar carvão com a pá-coração, a sua preferida. Ou como carregavam na escuridão blocos de escória, da máquina de cimento até a prensa e dali até o distante areal de secagem. Era como no teatro. Num primeiro momento era engraçado, pois ele ficava de pé e balançava os braços, levantando e abaixando sua pá feita de ar. Ele mudava a posição das pernas, dos calcanhares, dos dedos e das solas dos pés, dependendo de onde descarregasse, se na parte da frente do vagão, no meio ou bem atrás, no caso dos restos de carvão. Ele falava da astúcia ao poupar forças, da postura de esgrima, da graça de formar um par com a pá. Mas essas cenas eram também tristes, pois cada movimento ainda estava registrado no corpo. Tive que ver como Oskar Pastior foi de novo puxado para o campo e como ele se deparou com o homem que era então, como ele agora, no tapete em sua sala, estava em dois lugares ao mesmo tempo – uma vez puxado de volta para o campo em sua cabeça, outra vez como mímica, na frente dos meus olhos. E percebi que ele estava admirado de si mesmo, talvez até assustado. Ele apresentava isso pela primeira vez em sessenta anos e certamente não tinha ideia de que seu corpo guardara suas próprias lembranças, das quais a cabeça não sabia nada.

Nossas conversas eram sempre imprevisíveis e assim nos deparávamos com coisas novas, então eu fazia perguntas que normalmente não poderia fazer.

Ele contou quantos tipos de areia conhecera lá, qual carvão preferia e avaliava como bom ou ruim cada material com que precisava trabalhar – cimento, areia, carvão, escória, pedras –, atribuía intenções a todo material, solidariedade ou animosidade. E não só ao material, mas à neve, ao vento e à erva-armoles, que, ao ficar vermelha e se ornamentar, se tornava mais amarga. E era impossível comê-la: ela recusava-se bem quando ficava mais bonita. A relação mais complicada ele tinha com a fome, que se tornava um anjo às vezes violento, às vezes delicado, tímido ou leviano. Pastior tentou, com todas essas relações pessoais, proteger sua dignidade da humilhação provocada pela fome.

A percepção com tal exatidão é perigosa. Por outro lado, ela é uma salvação, pois é possível agarrar-se a ela. Ela é uma compensação da privacidade que foi confiscada, um pedaço de vontade própria no sistema do campo, no qual não havia nada além de arbitrariedade e comandos.

Humilhação pela fome – significa que ela leva a ações ou para situações nas quais a pessoa não se reconhece?

Onde a morte pela fome é morrida diariamente, a relação com comida transforma-se em avidez e falta de consideração. Uma pessoa cadavérica e quase morta de fome não consegue pensar mais nada além da fome, pois esta a atormenta a cada segundo. A fome infiltra-se até no sono, pois os sonhos giram em torno da comida.

A fome elimina todas as regras da civilização e assim ela faz suas próprias leis, é a brutalização. Na fome, a pessoa torna-se bruta.

Li, ao longo da pesquisa, livros sobre os campos do *gulag*. É surpreendente: em todos os tipos de campos russos, tanto sob direção militar como civil, formaram-se entre os detentos as mesmas hierarquias e padrões de comportamento. O tribunal do pão, no campo de trabalho, havia igualmente em todos os outros campos. Tribunal do pão significa que ladrões de pão eram punidos com a morte, eles eram assassinados num acordo coletivo. E a sentença de morte para o ladrão justifica-se, pois a falta do pão também pode ser uma sentença de morte. Pois o ladrão quer salvar-se, deixando os roubados morrerem de fome. A violência do tribunal do pão não pode ser comparada com a violência sem fome. A fome é, na verdade, o maior ladrão, pois ela rouba de todos os outros sentimentos a sua validade e seu efeito. Mesmo quando permanecem, eles não têm chance contra a fome, contra a avareza de sobrevivência feroz e corporal, egomania pura. Aconteceu no campo que um cônjuge pegava diariamente do outro a comida na cantina, deixando-o morrer de fome, a olhos vistos, apesar de todo o amor. Que bem o amor lhe dava o direito de fazer isso. Pois o que é um casamento em comparação com uma fome, que já devorou mais da metade de você? No campo, ninguém sabia mais de partilha, amor, casamento e também de fome. O amor talvez permanecesse, mas não lhe adiantava nada que ainda estivesse lá. Pastior falava do tempo de pele e osso.

No começo, a senhora só escrevia o que Oskar Pastior lhe contava, mas em algum momento surgiu a ideia de trabalhar no livro conjuntamente. Como foi isso?

O primeiro passo foi anotar e ele durou mais do que o primeiro ano. Sempre, antes de ir para casa, eu lia alto o que anotara. E, quando voltava uma semana depois, eu lia alto mais uma vez o que escrevera. Só depois passávamos para a pergunta seguinte. Frequentemente, porém, Pastior lembrara-se de novos detalhes, coisinhas, que me levavam para outras questões e ele para um outro acesso no tema. Assim ficávamos o dia inteiro presos nas mudanças, até eu precisar ir para casa. De vez em quando, tratava-se duas ou três vezes da mesma coisa.

Eu tinha uma lista de perguntas na última página do caderno. Todas as respostas resultavam em novas questões, pois quanto mais eu soubesse, mais eu podia perguntar. Eu sempre completava a lista imediatamente, quando lembrava de uma nova pergunta. Quando grande parte da lista estava respondida, lia alto, mais uma vez, tudo que havia anotado. E então reformulávamos, parte por parte, o impulso do que foi contado oralmente. Os primeiros títulos de capítulo resultaram da narração oral. Eles refletem a relação de Pastior com o dia a dia no campo: "Sobre o carvão", "Sobre a escória", "Sobre os abetos", "Sobre os vários tipos de tédio", "Sobre o Anjo da Fome". Essa repetição ao formular deu à primeira revisão das anotações uma estrutura, que permitia uma ligação entre o meu olhar exterior e o seu olhar interior. Pois Pastior tinha sempre que sair do campo e eu precisava entrar no campo. Ali, encontravam-se num ponto duas direções diferentes. O que se precisa da lembrança de dentro, ou seja, o que Pastior precisa e o que, mais tarde, um texto literário precisa adicionalmente? Não sabíamos na época até onde ele poderia permanecer documental e até onde ele precisaria se tornar fictício. Para Pastior, ele permaneceu biográfico, ou seja, documental, mas sua realidade era cheia de poesia.

Finalmente, em casa, procurei capítulos isolados e ampliei o anotado com o inventado. Descrevi cenas isoladas e as li para Pastior no encontro seguinte. No início ele sentiu-se enganado, em vez dele mesmo, um narrador subjetivo fazia o que bem entendia com as lembranças dele. Ele defendeu-se, primeiramente, contra o fato de que o narrador subjetivo participava da briga violenta do tribunal do pão. Entendi como lhe era difícil ir da proximidade dolorosa do vivido para a ficção. Precisava dar um tempo a Pastior para gostar do narrador subjetivo. Ele devia gostar dele, mas não se confundir com ele. Mesmo com a maior proximidade, ele precisava saber que ambos não eram um só e o mesmo.

Às vezes eu ia até ele e dizia: "Mudei de novo uma coisa num capítulo". Parecia tratar-se de apenas uma frase, mas daí ficávamos o dia todo, das três da tarde à meia-noite, em cima de um problema e eu anotava de novo. No dia seguinte Pastior datilografava o texto mudado com sua máquina de escrever automática. E ficava desesperado quando eu chegava na semana seguinte, dizendo: "Precisamos mudar uma coisa". Ele respondia: "Mas eu acabei de datilografar e agora você quer mudar de novo?". E também disse de forma séria e amarga: "Não sabia que prosa era tão difícil". E daí dávamos risada.

Apesar de toda a proximidade pessoal, como autores vocês dois são muito diferentes. Vocês chegavam logo a um acordo nos pontos essenciais?

Não estávamos de acordo, mas nunca brigávamos. Frequentemente eu reformulava ao escrever. Mesmo Pastior sabia quando sua lembrança se tornava sentimental, "piegas demais", como dizia. Permiti-lhe o sentimental, ele precisava ser seu próximo no campo para sobreviver. E depois de retornar, ele teve que continuar sendo seu próximo, para viver todos aqueles anos com a lembrança. Às vezes eu disse: "Para o texto isso não é bom" ou "você quer parecer melhor do que os outros?". Naturalmente não.

Só com o tempo aprendi que as consequências da deportação são traiçoeiras, cruéis e íntimas como a própria fome. O estrago é, além de um sofrimento para o corpo, também uma droga para a cabeça. Além do medo do campo, também estão no estrago as saudades do campo. Estas aproveitam-se do sobrevivente e continuam a humilhá-lo, pois elas o encantam contra sua vontade. Assim resultou no texto a formulação de que o Anjo da Fome "me trai com a minha carne".

Oskar Pastior morreu de repente, no meio do trabalho. A senhora teve que continuar e levar o projeto sozinha até o final. Quais consequências teve essa virada para a senhora e para o livro?

O problema básico foi a repartição entre medo do campo e saudades do campo. Na lembrança, sentimentalismo é normal. Mas o texto não podia descarrilar para as saudades do campo. Assim como ele não podia contestá-las, mas sim refleti-las. Depois da morte de Oskar Pastior, tive que estipular comigo mesma um equilíbrio. Antes, eu não teria nem conseguido.

Quando não chegávamos a um acordo, Pastior dizia frequentemente: "Dou isso para você". Um tema horrível, que ele chamava de "isso". Então eu afirmava: "E você acha que é tão fácil assim? Dizendo 'dou isso para você', tão facilmente assim você não sai desta!".

Mas daí ele saiu – ele saiu para morrer. A morte súbita foi um choque. E permaneceu irreal. Ele morreu em Frankfurt e não o vi morto. Daí chegou uma urna e ela foi enterrada, ele, não. Senti tanto a falta dessa pessoa. E, na confusão de minha tristeza, parecia que ele realmente havia se retirado daquele tema horrível. Chamei-o de volta nos pensamentos, prometi-lhe que ele não precisaria ter mais nada a ver com o texto, se retornasse. Também o repreendi por me deixar sozinha com tantas anotações. Ao acusá-lo, vi seu rosto.

Não consegui tocar mais nas anotações por um ano todo, só de olhar os cadernos me doía. A data que era registrada, sempre que eu chegava. Assim medíamos o tempo, para ele, era uma superstição. Seus desenhos, quando não conseguia explicar com palavras. E, de toda frase que agora eu lia, ouvia sua voz. Ela estava às vezes eufórica, às vezes pesada e baixa.

Na tristeza, vinha sempre o pensamento de que nosso trabalho de anos não fora em vão e de que me propusera a escrever sobre a deportação de minha mãe, pois a palavra "arrancamento" havia acompanhado minha infância. E exatamente porque o "arrancamento" também acompanhou Oskar Pastior por toda a vida, pensei, devo-lhe isso, tenho que tentar. E ele dizia sempre que eu deveria fazer sozinha. Quando o desalento descontrolava-se, ele até dizia não saber se deveria acreditar mesmo que ele tivesse estado no campo. Eu dizia então: "Você não precisa provar nada, além de você mesmo, qualquer um acredita". Ele sorria amargamente e afirmava: "Mas isso não me ajuda em nada". Agora ele me deu todo aquele tema horroroso de uma forma que, apesar de minha tristeza, não podia recusar, ele deixou para mim.

Comecei a trabalhar e queria mudar menos possível. Não funcionava, pois percebi que não poderia ser duas pessoas, além de mim, Oskar Pastior. Tive que me afastar da primeira estrutura do texto, me despedir do "nós" e me permitir o "eu", já que eu podia escrever apenas do meu modo e não do nosso modo. Precisei de um nome inventado para o narrador subjetivo, assim como Pastior inventara nomes para todas as pessoas reais. Irritei-me, pois esquecera-me de perguntar-lhe como ele gostaria de ser chamado no livro, na condição de narrador subjetivo. Dei-lhe o nome de Leo Auberg. Do jeito como imaginávamos, o livro deveria tornar-se uma documentação poética do campo.

Quando estive então sozinha com meus cadernos de anotação e os li mais uma vez, ficou claro que, sem Pastior, eu só conseguiria escrever um romance e Leo Auberg precisaria ser seu protagonista. Isso se evidenciou, pois as anotações eram apenas uma fenomenologia do campo. Ferramentas, roupas, torres de controle, barracas, a fábrica com as baterias de coque e a torre de refrigeração, a louça – tudo estava detalhadamente descrito e até desenhado por Pastior. Um fundamento forte de coisas sem vida. Mas nada da vida no campo, das pessoas e de suas histórias eu sabia muito pouco. A partir do fundamento das anotações pude e tive que construir a estrutura para o romance.

Primeiramente, peguei observações à margem como pequenas situações iniciais. Por exemplo, o capítulo sobre o bazar, a partir de uma observação de Pastior, segundo a qual ele achara uma vez dez rublos. Ou a deficiente mental Kati-Plantão, que nem sabia quem ela era. Como é o dia a dia dela, o que faz e o que diz? Como ela sobrevive? Tudo isso precisei criar. Nas anotações, ela era um nome e algumas frases. Mas precisava tornar-se uma pessoa. Coloquei-me tanto no lugar dela que ela se tornou minha personagem favorita no romance.

E Leo Auberg também precisava, naturalmente, de uma família, de lembranças. Estávamos tão aprofundados no campo que o retorno e o tempo depois não foram mencionados – apesar do fato de que, sem o retorno, não teria podido haver uma narrativa sobre o campo. A situação inicial de *Tudo o que tenho levo comigo* é o olhar retrospectivo de um velho arquiteto. Olhando para trás, isso também é incrível, pois Pastior falara muito de saudades.

No romance, em algum momento não há para Leo Auberg nada mais além do campo. Quando volta de madrugada, cheio de batatas, ele chama o caminho para o campo de "caminho de volta para casa". O campo, então, tornou-se tudo.

Das anotações, eu também sabia apenas que Oskar Pastior fora enviado para um colcoz e que lá se enchera tanto com batatas que só conseguiu andar devagar e chegar ao campo no final da noite.

Mas nunca falamos sobre como aconteceu. Tive então que criar. O caminho, sozinho, pela madrugada, os pensamentos de fuga e a possibilidade de fugir. Mas para onde? Na estepe plana, todos que tentaram fugir foram pegos e devolvidos, quase mortos, para o campo. E então desapareciam para sempre.

Pois é, em algum momento as deportações eram feitas de modo que, também na cabeça, não havia mais nada além do campo. Não se tratava de mais nada além de se arranjar com o campo, de se conformar tanto com a disciplina e o abandono que a pessoa nem precisava se matar ou perder a razão. Um ano seguia o outro, até se passarem cinco anos. E, nesse tempo desgraçadamente longo, nunca disseram aos internos quando ou se algum dia poderiam voltar para casa. Parte do castigo era, além do trabalho forçado e da fome, a incerteza sobre quanto tempo ainda ficariam no campo. Era o tempo mais longo do mundo e as saudades tornavam-se uma doença. As saudades crônicas de casa, assim como a fome crônica, estavam sempre lá. Eram as saudades que, com o tempo, perdiam o lugar concreto, se arranjavam com a estepe e, desta forma, se tornavam ainda maiores e mais obcecadas.

E eu imaginava como Pastior deve ter se sentido, nessa saudade habitual e ardente, no caminho do campo de batata para o campo de trabalho. Ele caminhava completamente sozinho pela vastidão da estepe. A estepe de madrugada não era feita para pessoas, ela não era uma moradia. No campo, porém, havia a sua barraca, na barraca a sua cama e, embaixo do travesseiro, o pão que havia poupado, lá ele estava em casa. Não tinha nada para fazer além de chamar o caminho para o campo de caminho de volta para casa. Pastior disse-me frequentemente que ele não tinha saudades, mas sofria com a sua falta de saudades. Parecia-me que ele tinha cautela com a palavra saudade. Ele repelia essa palavra, para que o sentimento não o devorasse. Pois desse sentimento ninguém conseguia se salvar. Como todos os outros, também ele pensava permanentemente na sua casa, sobretudo na frase da avó: "Sei que você voltará". Nessa frase, entretanto, está a saudade pura e, como ele mesmo disse, a frase o salvou. Então também a saudade o salvou. A saudade habitual e ardente, que ele só aceitava como falta de saudade.

A saudade e o Anjo da Fome – ele os leva do campo e também em casa eles não o deixam mais. Em um trecho está escrito: "Esta é a minha família, direi, e me referirei às pessoas do campo de trabalho".

Após o retorno, Leo Auberg não é mais o mesmo nem para si nem para a família. É um homem mudado, que não consegue chegar àquele lugar chamado de casa, exatamente porque o lugar se manteve o mesmo. E assim ele está agora num lugar totalmente estranho e surgem na sua cabeça as saudades do campo. Apesar do horror que lá quase o matara. Ele está e continua sendo embrutecido por dentro, incapaz de se relacionar, de se entregar mais para os outros. No romance, também está escrito: "Ninguém mais pode agarrar-se a mim. ... sou inalcançável, por humildade, não por orgulho".

Através da morte súbita de Oskar Pastior, sua viagem conjunta para a Ucrânia ganhou uma importância ainda maior, também como base para complementos e descobertas.

Oskar Pastior possuía um vocabulário de paisagem, que era um vocabulário de montanha. Ele descrevia a estepe para mim como uma paisagem de montanha, falava de desfiladeiros a áreas escarpadas. Durante a nossa viagem, então, vi apenas terra plana e as pequenas elevações ali no meio eram pilhas de entulho. Sua relação com as plantas era uma relação com os nomes das plantas. Ele gostava da palavra *Lavendel* [alfazema]. Ele falava de alfazema, mas o que me mostrou na estepe eram ervilhacas. É uma planta com flores de um azul índigo e com gavinhas finas, que se agarram a outras plantas. Também só pude entender e descrever o caminho do bazar para casa, o caminho através dos campos para este colcoz ou o caminho de madrugada do campo de batata, porque fiz a viagem para a estepe. Vi a vastidão infinita da estepe. E a luz das horas do dia, assim como as diversas cores do céu. Não sabia, antes da viagem, como eu dependeria depois destas impressões, como esta viagem toda seria importante.

Observei atentamente as relvas, os arbustos e as árvores na estepe e nas localidades. As ervas-armoles, os cardos e o endro selvagem. Como na infância eu estava tão sozinha nesse vale verde sibilante com as vacas, tenho uma relação estreita com as plantas. E encontrei de novo, na estepe plana da Ucrânia, a planta do Banato. As plantas definem para mim, até hoje, um local. Não é indiferente o que cresce num local. Assim como não é indiferente se alguém vem de uma região montanhosa ou se cresceu na planície ou perto do mar. A paisagem é a primeira imagem que nos coloca existencialmente em questão, já quando crianças, também de forma inconsciente. Nessa imagem, verificamos quem somos. Colocamos o material efêmero de nosso corpo à disposição de uma paisagem, de um ambiente que está sempre lá. Mesmo que as plantas não estejam lá no inverno, elas voltam na primavera. Mas nós simplesmente desparecemos embaixo da terra.

Quanto mais de concreto Pastior contava, menos ele achava que tivesse estado realmente no campo. Ele quis viajar sem falta para a Ucrânia e me mostrar a estepe.

Na sua opinião, o que ele esperava da viagem e com quais sentimentos ele voltou?

Acho que ele queria mostrar o campo mais para si mesmo do que para mim. E acho também que ele queria provar para o campo que ele não só sobrevivera como também ainda continuava a viver. Só lá compreendemos. Na ocasião, Ernest Wichner nos acompanhou. Tínhamos medo de que Pastior desmoronasse lá. Tínhamos comprado passagens especialmente flexíveis para que pudéssemos retornar a qualquer momento. Mas foi diferente, Pastior não conseguia se soltar mais.

Procuramos os dois campos onde ele estivera internado. Do primeiro não se podia ver mais nada. O segundo campo era uma ruína e tudo que Pastior descrevera para mim estava lá naquelas instalações abandonadas de fábrica, como num tempo paralisado. Só os alojamentos haviam sumido, pois uma lei dos anos 1950 na União Soviética ordenou que todos os restos dos campos deveriam desaparecer, inclusive os cemitérios. As instalações de fábrica estavam quebradas como na época, quando os trabalhadores chegaram lá, para remover os danos da guerra. Por isso ele sentiu-se imediatamente em casa, identificando-se com tudo – dizia "nossa torre de refrigeração" –, e lamentou que o socialismo tivesse arruinado de novo a sua fábrica. O trabalho de construção de anos não pode ter sido em vão, dizia.

O dia todo ele não ficava cansado, andando de lá para cá, colocou-se à janela onde a comida era distribuída e pegou do ar a tigela de alumínio, mostrou-nos seu caminho entre os tubos, onde e quais cheiros havia, onde e como ele se deitou no chão quando chegou a primeira paz e onde teve que plantar no inverno os choupos negros. Estes mostravam quanto tempo havia passado, pois estavam lá, enormes.

Até o zepelim, este cano monstruoso, estava no meio da grama alta e os esqueletos das baterias de coque, enfileirados. E a escada estava ainda lá, por onde Oskar Pastior descia para o porão. Ele nos mostrou por onde o carvão chegava, os trilhos, o *jama*, onde ele era descarregado. Oskar Pastior estava como num êxtase. Na primeira noite, ele me disse: "Agora alimentei minha alma". Ele estava feliz. Antes, nunca ouvira dele estas expressões, não era a sua linguagem. Era incrível, uma sorte trágica.

Na primeira noite, então, eu desmoronei. Fui para o quarto, fechei a porta, comecei a chorar e não conseguia mais parar. Não estava aguentando aquilo, nem a felicidade de Oskar, os dois lados dessa felicidade. Nós havíamos passado o dia inteiro por lugares miseráveis, vendo homens velhos que não tinham sapato nem dente, mas peitos cheios de medalhas da Segunda Guerra sobre as roupas rasgadas. Éramos tão estranhos e eles, tão gentis.

Também foi importante para eu ver como era um bazar, Pastior comprava lá um pacote de biscoitos de chocolate, que dentro eram duros como gesso. Sendo diabético, ele não devia comer biscoitos. Mas ele esvaziava rápido o pacote. Em Berlim ele não teria feito isso. Na Ucrânia, porém, ele apressava-se com a comida. Já de manhã, na hora do café, ele comia excepcionalmente muito, ávida e rapidamente, até que uma vez eu disse: "Oskar, você come tanto e interminavelmente que me deixa assustada". E ele respondeu, então, com uma frase assustadora: "Preciso prestar honras a esta comida". Também é uma frase que ele não diria em nenhum outro lugar. Foi o lugar que disse, ele disse isso daqueles tempos antigos.

Muito depois da morte de Pastior, vi o documentário que Harald Jung fizera de Jorge Semprún: "Minha vida/ *Ma vie*". Neste filme, o velho Jorge Semprún visita o campo de concentração de Buchenwald, onde esteve quando jovem. E nessa visita ele anda pelo campo e está tão descontraído que Jung fica admirado. Semprún diz apenas que ele estava retornando. Foi o caso de Oskar Pastior. Era um trauma, algo que fica cravado profundamente no corpo, que destrói e encanta. Compreendi que lesão é uma ligação íntima.

Gavetas e letras

No seu escritório, em todas as áreas horizontais estão palavras re-cortadas e em todas as cores, até mesmo no sofá, no banquinho, no parapeito da janela; brochuras, revistas, catálogos estão espalhados pelo chão, formando o material inicial para as suas colagens. Isso lembra a pequena menina em Nitzkydorf, que está sentada no barril de madeira, na oficina de costura da casa da tia, com restos de pano coloridos, costurando roupas de boneca e de gato.

A bela tia com pele de porcelana, cabelos ruivos acobreados e sardas, de quem tanto gostava. Mas há uma diferença importante. Ela não tinha uma oficina especial de costura, sua oficina era o seu apartamento e, à noite, comíamos à mesa. Ela tinha que arrumar todos os dias. Eu podia engatinhar com o ímã pela sala e os alfinetes saltavam do chão. Daí varríamos e os restos de pano iam para um grande barril de madeira. Aprendi muito com a tia, o ponto cruz, a fazer barra, costurar casas de botão e coser. Eu não sabia desenhar, mas tinha mãos habilidosas para costurar.

Não consigo mais arrumar minhas palavras. Tenho ainda uma pequena sala com armários de gaveta para palavras, frequentemente tiro palavras de lá, mas não tantas vezes e não tão rápido quanto as novas que se juntam a elas. Recorto permanentemente novas palavras. Tenho às vezes tamanho tédio delas, pois estão por toda parte, que não posso mais vê-las. Sinto-me atulhada, elas parecem sair pela garganta. Então as varro e as jogo fora. Assim joguei fora aquele trabalho de horas e horas.

Como minha tia, também não tinha, no início, uma oficina. Comecei com as colagens na mesa da cozinha. À noite, também tinha que organizar as palavras sobre uma tábua de cortar carne, para que pudéssemos comer.

As colagens não surgiram nas viagens, como cartões de saudação para amigos?

Assim elas começaram. Quando viajava, eu procurava cartões em preto e branco que combinassem com os amigos para quem os enviava ou comigo, já que eu os escrevia. Raramente os encontrava. Logo aparecia aquele céu azul maciço e feio, sempre aquele mesmo olhar kitsch sobre um local. Uma vez comprei fichas e, no trem ou no avião, quando ainda era possível levar tesoura de unha, recortei fotos de revistas e colei algumas palavras em cima delas: "A ladra de bolsas sou eu" ou "nesse ponto e primeiramente". Brincadeiras. Mas elas mostraram-me o que produzem palavras isoladas. Isso me fascinou e também em casa comecei a colar palavras nas fichas. Por toda parte havia palavras esperando e eu só precisava recortá-las. Elas estavam fora de mim e eu não tinha que procurá-las na cabeça, como no ato de escrever.

Como a senhora decide quais palavras recortar?

Não decido, é algo intuitivo. No caso de cada palavra, parto do princípio de que vou precisar dela alguma vez, senão não a recortaria. Mas não sei onde vou fixá-la. Também há, naturalmente, palavras que me agradam, como *Karussel* [carrossel], que recortarei sempre que a encontrar, independentemente de quantas já possuo. Tem a ver com o objeto, com o carrossel de balanço da praça do mercado do vilarejo, onde tocava música. Os balanços voavam quase que horizontalmente nas suas correntes, as pontas dos pés estavam bem lá em cima no céu, e o céu voava junto. Quando terminava, a música silenciava e ouvíamos o barulho do motor, que fumegava um pouco e tinha um cheiro bem forte de lubrificante. Quando criança eu gostava de andar de carrossel. Não comprava doces, mas gastava todo o meu dinheiro no carrossel. O povo do carrossel acampava ao lado do lago do vilarejo, seu jeito forasteiro era bonito. Recorto com a palavra tudo que vivi no carrossel.

E não recorto palavras que não suporto, por causa do que vivi. *Mächtig* [poderoso], por exemplo. Para mim é diferente do empregado por Max Blecher em *Acontecimentos na irrealidade imediata*, onde "poderoso" aparece com muita frequência. Mas Blecher é um grande autor, que sabe como empregá-la bem para espelhar, sem precisar dizer, o contrário. Entendo Blecher assim, como se a fragilidade precisasse da palavra "poderoso". Também os diminutivos não estão lá para diminuir, mas sim de forma ameaçadora, com eles, sempre há alguma coisa que escurece.

Ao recortar, as palavras me mostram seus componentes. Em muitas palavras alemãs há algo de romeno dentro, como em Frankfurt, que tem em "furt" um roubo romeno. Assim como em palavras romenas há frequentemente algo de alemão, como puro em *iepure*, o coelho romeno. Não é estranho como muitas palavras se escondem discretamente em outras? Se recorto o "t" final, *Landschaft* se transforma em *Landschaf* e *Schirmherrschaft*, em *Schirmherrschaf.** Sempre recorto e reservo a palavra *Jahrhundert* [século], pois ali

---

* A escritora joga com as palavras *Landschaft* (paisagem) e *Landschaf* (algo como "ovelha do campo"), e *Schirmherrschaft* (protetorado) e *Schirmherrschaf* (algo como "ovelha protetora"). (N. T.)

Minha pátria era um caroço de maçã   *201*

dentro estão *Hunde* [cães] com letras minúsculas. Eu preciso frequentemente de *Hunde* com letras minúsculas, pois posso formar com eles um cão composto, como *Sommerhunde* ou *Heimwehhunde*.* E dentro de *Herzkrankeit* [doença cardíaca] há um *Herzkran* [guindaste do coração] pronto.

Tudo isso percebemos quando recortamos. As palavras tornam-se com o tempo construções, das quais podemos remover as partes.

Quais letras lhe dão muitas palavras?

Quando vejo minhas gavetas, penso que existem palavras que adoram o aperto e outras que querem ficar sozinhas. Depende de suas letras iniciais. Com G, S, U e Z, as palavras são frequentes e empilham-se até um dedo de altura, até a borda superior da gaveta. Para mim, isso significa que elas são atrevidas e adoram o aperto. Com outras letras, como H, I, L ou P, minhas palavras são mais raras, parecendo-me que são envergonhadas e gostam mais de estar a sós. Isso tem a ver com a quantidade dentro da gaveta, não com o conteúdo. As propriedades da palavra às vezes até contradizem o conteúdo. *Herde* [rebanho], por exemplo, é mais uma palavra solitária, que não gosta de pressionar.

E, quando preciso para um texto de uma palavra que ainda não recortei, tenho que colá-la a partir de letras e sílabas de outras palavras. Alguns recortes têm longos antecedentes. Por exemplo, *pepita*.** É uma palavra rara, mas que aparece de vez em quando em catálogos de roupa. Não recortei, por anos, a palavra *pepita*. Pois precisei, nos meus primeiros anos na cidade, vestir um terno xadrez constrangedor feito pela costureira do vilarejo. Ele tinha

---

* Mais um jogo de palavras, desta vez com *Hunde* (cães): *Sommerhunde* (algo como "cães de verão") e *Heimwehhunde* ("cães com saudades"). (N. T.)
** Padrão xadrez preto e branco. (N. T.)

ainda botões cobertos de veludo. Estava folgado no pé e a perna da calça era larga demais. Minha mãe também achava, seis ou sete anos depois, que o terno xadrez preto e branco ainda era muito bonito. Além disso, dizia, diferentemente do vilarejo, que eu poderia usar qualquer coisa na cidade, pois "na cidade ninguém conhece você mesmo..."

Então fiz uma colagem, na qual as pessoas num jardim tomavam banho na salada e, "quando elas saíram, estavam quase..." – e surgiu na cabeça, como rima, a palavra *pepita*: "estavam quase enxadrezadas, sobretudo as damas". Fiquei brava, pois então precisava da palavra. Comecei a procurar, folheei catálogos de roupa, um atrás do outro, até os olhos ficarem cansados com a pressa. Desisti e tive, então, que colar a palavra a partir de letras isoladas. O mesmo aconteceu comigo com as palavras *Partei* [partido] e *Diktator* [ditador]. Não as recortei durante anos. Achava-as conceitos lenhosos e secos, que não tinham nada a fazer numa colagem. Mas aconteceu diferente. Um dia, precisei delas justamente por causa de sua lenhosidade. Desde então, recorto sempre *pepita*. Mesmo quando já tenho a palavra dez vezes, não deixo escapar.

Com palavras recortadas, as emergências, os acasos, os casos de sorte são bem diferentes do ato habitual de escrever. Elas surpreendem-me mesmo vinte anos depois. Até hoje não sei em qual palavra se esconde algo natural. Isso só se revela quando palavras se encontram.

O mesmo acontece comigo com a junção de imagens. Ali os conteúdos são totalmente misteriosos e precisam ser assim misteriosos. Às vezes a imagem reflete o texto, às vezes pode não ter nada a ver com ele. As imagens são, na maioria das vezes, compostas de fragmentos, partes de objetos são combinadas com outras partes de objetos, formando um objeto fictício que me surpreende. Assim também começa com os rostos. Queria usar um retrato para uma colagem, mas deixar a pessoa na foto irreconhecível. Por isso cortei um rosto de criança no meio e o que vi? Um rosto de criança dividido ao meio é um rosto de adulto em perfil.

As palavras isoladas são, de certo modo, também imagens.

As palavras recortadas são todas diferentes, cada palavra é um objeto, talvez até um indivíduo. A aparência, o tamanho diferente, a cor, a letra, são para a colagem tão importantes quanto o conteúdo da palavra. No fundo, o cativante na colagem é a individualidade das palavras, que parecem sempre iguais quando datilografamos. Pego um tabuleiro de xadrez amarelo ou um verde, pego uma palavra grande que domina o texto ou uma pequena, que quer se esconder? É impossível prever. Depende do quadro geral da colagem e das palavras que encontro.

Também há situações misteriosas. Faz anos que recorto sempre *doch*,* mas nunca recortei *noch* [ainda], o que não consigo explicar. De repente preciso de um *noch*, olho em minha gaveta e não tenho. Isso me faz refletir sobre mim, bem nestas palavras tão discretas. Por que *noch* é tão discreta que nunca a recortei?

Também tenho naturalmente artigos e preposições nas mais diferentes letras e cores, precisamos sempre deles, independentemente de como parece uma frase, com isso faço malabarismos. Preciso às vezes do *das*** bem grande, para esticar as linhas, ou bem pequeno, para encurtá-las, de modo que o cartão fique bonito, quando eu for colar. Fico realmente faminta ao recortar, tenho uma fome de palavras, uma impaciência que me deixa sempre apressada, como se alguém quisesse roubar as palavras de mim se não cortá-las suficientemente rápido.

---

* Em alemão, *doch* pode ser empregado em várias situações, entre elas como o advérbio "sim" para reiterar uma resposta afirmativa, no caso de uma pergunta ou afirmação negativa. (N. T.)
** Artigo neutro alemão. (N. T.)

Como isso começa? Quando de repente, entre todas as palavras, duas delas saltam brilhando e a senhora diz: Agora faço alguma coisa com "raposa" e com "nuvem"?

Pode ser. "Raposa" e "nuvem" podem ter algo a ver um com o outro, mas é necessário que surja uma situação, só os dois substantivos não bastam. E é apenas uma situação inicial, como na prosa. Também na colagem conta-se alguma coisa. Assim, essa situação inicial pode deslocar-se para o meio, para o final ou ser totalmente empurrada para fora da colagem, como acontece sempre no escrever.

E acrescentemos a rima. Mas ela não pode se destacar na colagem, não pode fazer pressão. Apesar de ser o motor na frase, as frases devem soar como se a rima tivesse resultado por si só. Ela tem para mim uma grande intimidade, assim como um direito de intervir. Ela pode ficar triste, piscar o olho ou também gozar do texto todo. Ela define o compasso e o ritmo, pois liga as linhas e carrega o som. É como um vigilante, mas também um malandro, que por um lado disciplina o texto, por outro o catapulta para onde quiser, podendo ser totalmente imprevisível. Ela exige de mim frases, das quais antes eu não fazia ideia, e admiro-me frequentemente de quanto tempo ressoa uma pequena palavra. É um eco na cabeça.

E sempre aparece a imagem.

É o texto que determina a imagem ou o contrário?

Na maioria das vezes, a imagem reage ao texto. Frequentemente faço apenas imagens e daí um texto responde a elas. Ou a imagem acrescenta algo ao texto, intrometendo-se, ou não se deixa unir ao texto tematicamente, permanecendo sozinha ao lado do texto. Algumas histórias apropriam-se da imagem, outras não querem que ela revele se, o que e quanto tem a ver com o texto.

Geralmente, entretanto, não posso mexer no texto por causa de uma imagem. O texto precisa estar inteiro sobre a ficha. Por causa do formato de postal, falta espaço de todo modo. O texto só cabe na ficha como história bem curta. Trata-se sempre de uma narração encurtada. Por isso a imagem precisa se ajustar ao tamanho do texto. E, quando os dois não cabem na ficha, preciso fazer, para preservar o texto, um pequeno quadro para a colagem.

Há dias sem imagem e há dias sem texto, dias em que todas as tentativas de imagem fracassam e dias em que todos os textos fracassam. Nesse caso nada adianta, é preciso largar e esperar um outro dia.

Colocando os volumes de colagem um ao lado do outro, vemos como eles são diferentes do ponto de vista visual: em Im Haarknoten wohnt eine Dame [*no nó do cabelo mora uma dama*], *as cores são suavemente matizadas, as fotos são frequentemente maiores do que em outros volumes e às vezes o texto corre para dentro delas. As palavras em* Vater telefoniert mit den Fliegen [*o pai está no telefone com as moscas*] *são recortadas tão precisamente que a mão do mestre já é visível. E em* Die blassen Herren mit den Mokkatassen [*os senhores pálidos com a xícara de moca*] *há muitas cores brilhantes, um verde vistoso. É coincidência da combinação ou uma evolução?*

Se eu soubesse. O que sei é que há um tempo entre eles. Como a escrita, também as colagens se transformam com o tempo. Comecei com uma caixa, *Der Wächter nimmt seinen Kamm* [o guarda pega seu pente]. Na caixa estavam as colagens como fichas isoladas. Elas tinham, sem exceção, imagens em preto e branco e palavras de papel de jornal, sem rimas. Era o começo dos anos noventa. Hoje cada colagem é como um relevo, pois colo embaixo de cada palavra duas camadas de papelão e depois a recorto. Com duas camadas de papelão embaixo dela, cada palavra é tão dura como uma pequena placa. Em torno de cada palavra há uma margem de sombra e o texto se levanta do cartão. É bonito. Às vezes, para mim, o cartão vazio parece como um lenço de bolso branco. E as palavras sentam-se em cima.

Mas a senhora não usa mais palavras de jornal, usa? A senhora prefere trabalhar agora com papel mais grosso e liso, não prefere?

Papel de jornal fica velho muito rapidamente. Quando olho na gaveta, vejo imediatamente quais palavras são de papel de jornal. Como as guardo por muito tempo, elas estão amareladas. E estão um pouco enrugadas. De cada letra, já tenho agora duas gavetas cheias. Em um armário, eu precisaria jogar fora mais da metade, pois ali estão apenas as palavras velhas bem pequenas. Mas não consigo.

Também tenho ainda um armário só com palavras romenas.

Nesses três volumes, há apenas uma única linha romena: "O piolho bebe sangue em lilás/ Ma cam doare bila".

Isto significa: O crânio me dói – é linguagem do dia a dia, irônica, *bila* nunca é uma cabeça sensata, *bila* significa "bola" em romeno.

A senhora mistura as línguas só em casos excepcionais, quase sem introduzir uma única palavra estrangeira?

Seria um tipo completamente diferente de texto. Mas fiz, durante dois anos, só colagens romenas. Eu não sabia escrever em romeno. Quis experimentar para ver se conseguiria fazer colagens com palavras recortadas de revistas romenas. E não consegui mais me livrar disso. Da linguagem da fábrica, talvez também da linguagem superficial de minha amiga Jenny, talvez também dos mais de trinta anos em que vivi na Romênia. Sem perceber, fiz no final umas duzentas colagens romenas. Agora tenho até um livro romeno de colagens. E um armário inteiro, cheio de palavras romenas, que certamente nunca mais usarei. Eu poderia agora jogá-las fora e dar lugar a outras palavras. Mas não consigo jogar fora as palavras romenas, aqui elas se sentem em casa.

Essa forma de escrever com a tesoura não possibilita uma maior leveza aos textos curtos? Frequentemente a piada fica bem clara.

Os temas das colagens não são diferentes dos temas nos romances. Apesar disso, surge uma leveza, pois tenho o sentimento de que não sou eu quem faz o texto com palavras recortadas, mas sim as próprias palavras.

Considero uma sorte o fato de que possuo centenas de milhares de palavras. E quando estou viajando, lá para onde comecei a fazer colagens, ou seja, durante uma viagem, penso frequentemente que as palavras estão me esperando em casa. O fato de que elas podem estar espalhadas ali, abertas, é para mim uma expressão de privacidade, de espontaneidade, até mesmo de liberdade pessoal. Pois a posse de palavras em excesso é o contrário de antigamente, de censura. Antigamente eu tinha que levar para fora de casa, secretamente, o que tinha escrito e esconder na casa de conhecidos, pois tinha medo das buscas domiciliares.

Às vezes, para mim, os armários com muitas gavetas parecem uma estação e me pergunto se as palavras preferem viajar para um texto atual ou ficar esperando o próximo texto, imprevisível. Também não sei se se sentem aprisionadas nas gavetas ou protegidas.

O que diferencia mais as colagens dos textos habituais: o espaço é limitado, a borda do cartão é o fim da história. E, quando as palavras estão coladas, não se pode mais mudar nada no texto. É como na vida. Alguma coisa acontece e não se pode mais desfazê-la.

E as rimas deixam rastros, é difícil esquecê-las, elas ressoam, repetem-se por si só, pois têm a sua própria velocidade e um eco na cabeça. E ando pelo asfalto e o eco não me deixa em paz, e sei que preciso apanhar o eco e dizer a rima tanto tempo e tão frequentemente, até o eco ficar vazio e cansado.

Andar e rimar, isso conheço de antigamente. A rima que eu dizia antigamente na própria boca, nos dias inseguros, vagueando por aí, ocorreu-me sempre, durante anos, nas calçadas de Berlim, no ritmo dos passos. Eu a transformei em colagem:

Minha pátria era
um caroço de maçã
perdia-se ao redor entre
foice e estrela
E a imagem, acompanhando-a: uma pessoa montada. Pernas
longas e finas na ponta dos dedos dos pés, seu tórax é uma caixinha
de madeira escura e, dentro dele, presa, está a cabeça.

Observações

Os diálogos para este livro foram realizados em dezembro de 2013 e janeiro de 2014, em Berlim; foram acrescentadas, de forma retocada, passagens centrais de *Depressões*, tiradas de uma conversa de agosto de 2009, em Berlim, publicada sob o título *Wie lange bleibt man eitel?* [Por quanto tempo se permanece vaidoso?], na revista *Volltext. Zeitschrift für Literatur*, 4/2009.

As edições aqui usadas

Corujas no telhado

ELA SE ESGUEIRA PARA DENTRO: "Milho amarelo e sem tempo". In: *Sempre a mesma neve e sempre o mesmo tio*. São Paulo: Globo, 2012, p. 126.

DE SE ASSEMELHAR ÀS PLANTAS: "Em cada língua estão fincados outros olhos". In: *O rei se inclina e mata*. São Paulo: Globo, 2013, p. 13.

CANDIDATO AO PANÓPTICO DA MORTE: "Em cada língua estão fincados outros olhos". In: *O rei se inclina e mata*, p. 15.

LINDOS VESTIDOS DE VERÃO: "Depressões". In: *Depressões*. São Paulo: Globo, 2010, p. 78.

ADEREÇOS RELUZINDO: "Em cada língua estão fincados outros olhos". In: *O rei se inclina e mata*, p. 13.

SUPORTAR O LUTO E APRENDER A CLASSIFICÁ-LO: "Não leve seu pensamento para onde é proibido". In: *Sempre a mesma neve e sempre o mesmo tio*, p. 27.

UMA PARA A GRAMA: "Depressões". In: *Depressões*, p. 74.

UM GRAMPO DE CABELO: "Se nos calamos, tornamo-nos incômodos – se falamos, tornamo-nos ridículos". In: *O rei se inclina e mata*, p. 89.

CHAVE DO CÉU: "Quando algo paira no ar, em geral não é nada bom". In: *O rei se inclina e mata*, p. 205.

RECRUTAS NO SERVIÇO MILITAR: "Quando algo paira no ar, em geral não é nada bom." In: *O rei se inclina e mata*, p. 209.

RÜCKEN AN DIE ZÄUNE [encosta-se nas cercas]: "Niederungen" [Depressões]. In: *Niederungen*. Munique: Hanser, 2010, p. 69.

MUITO ESCURO E MORTALMENTE SILENCIOSO: "Depressões". In: *Depressões*, p. 48.

VOCÊ PEGOU UM LENÇO?: "Toda palavra conhece algo do círculo vicioso". In: *Sempre a mesma neve e sempre o mesmo tio*, p. 7.

JARDIM DE INFÂNCIA: "A flor vermelha e a vara". In: *O rei se inclina e mata*, p. 160.

A RIMA SABE DAS COISAS

FRACASSAR NO PÚBLICO: "O uso das ruas finas". In: *Sempre a mesma neve e sempre o mesmo tio*, p. 115.

ÚLTIMA VERSÃO VÁLIDA: *Niederungen*. Munique: Hanser, 2010.

ORIGINADA NOS CÁRPATOS: *Niederungen*. Berlim: Rotbuch, 1984.

COMPASSO E SOM: "Se nos calamos, tornamo-nos incômodos – se falamos, tornamo-nos ridículos". In: *O rei se inclina e mata*, p. 91.

NA NEVE: "Depressões". In: *Depressões*, p. 33.

AS ROUPAS DO SOCIALISMO

NA ESCADA: "Toda palavra conhece algo do círculo vicioso". In: *Sempre a mesma neve e sempre o mesmo tio*, p. 11.

NÃO TENHO ESSE CARÁTER: "Toda palavra conhece algo do círculo vicioso". In: *Sempre a mesma neve e sempre o mesmo tio*, p. 9.

INFERNO: *O compromisso*. São Paulo: Globo, 2004, p. 51.

ROUPAS: *O compromisso*, p. 42.

A PONTO DE TRANSBORDAR: "Se nos calamos, tornamo-nos incômodos – se falamos, tornamo-nos ridículos". In: *O rei se inclina e mata*, p. 99.

DESTRINCHA OS EMARANHADOS: "Em cada língua estão fincados outros olhos". In: *O rei se inclina e mata*, p. 16.

SURPREENDENTEMENTE BELO: "Em cada língua estão fincados outros olhos". In: *O rei se inclina e mata*, p. 26.

GRAMÁTICA DOS SENTIMENTOS: "'Mundo, mundo, irmão mundo'". In: *Sempre a mesma neve e sempre o mesmo tio*, p. 232.

PARA DENTRO DO TROMPETE: "Toda palavra conhece algo do círculo vicioso". In: *Sempre a mesma neve e sempre o mesmo tio*, p. 17.

UM HOMEM COM BUQUÊ DE FLORES

EXPULSA DO PARTIDO: *Fera d'alma*. São Paulo: Globo, 2013, p. 31.

JÁ NÃO CONTA MAIS: *Fera d'alma*, p. 35.

CONFUNDIAM O MEDO COM A LOUCURA: *Fera d'alma*, p. 47.

ANÃO DE CABELO DESGRENHADO: "Das Ticken der Norm" [O pensar da norma]. In: *Hunger und Seide* [fome e sede]. Leipzig: Rohwolt, 1997, p. 94.

SURDA-MUDA: *Fera d'alma*, p. 46.

ABOCANHAR AMOR: *Fera d'alma*, p. 208

DEPOIS PODEMOS VOAR: *Fera d'alma*, p. 219.

VAGAR: *Fera d'alma*, p. 44.

MEDO PLANEJADO: "O rei se inclina e mata". In: *O rei se inclina e mata*, p. 54. "O uso das ruas finas". In: *Sempre a mesma neve e sempre o mesmo tio*, p. 116.

O AMOR MOSTRAVA SUAS GARRAS: *Fera d'alma*, p. 82.

ROLF BOSSERT: "O rei se inclina e mata". In: *O rei se inclina e mata*, p. 72.

TUDO REPLETO DE SENTIMENTOS FRIOS

RAPOSA CORTADA: *A raposa já era o caçador*. São Paulo: Globo, 2014, p. 165.

BEIJO NA MÃO: *O compromisso*, p. 9.

MAS NÃO POSSO DEMONSTRAR ISSO: *O compromisso*, p. 26.

COMER A NOZ: *O compromisso*, p. 20.

NÃO LHE ANDASSE NO VAZIO: "O rei se inclina e mata". In: *O rei se inclina e mata*, p. 57.

ELE É MEU: *O compromisso*, p. 194.

UMA SATISFAÇÃO ESTÚPIDA: "O rei se inclina e mata". In: *O rei se inclina e mata*, p. 71.

O REGIME ENTERRA SEUS CRIMES

VÁRIAS VEZES UMA AMIGA: *Fera d'alma*. "Cristina e seu simulacro". In: *Sempre a mesma neve e sempre o mesmo tio*. "Se nos calamos tornamo-nos incômodos – se falamos tornamo-nos ridículos". In: *O rei se inclina e mata*.

VISITA DA AMIGA E SUA CONFISSÃO: *Fera d'alma*, p. 155.

NOVELO DE AMOR E TRAIÇÃO: "Cristina e seu simulacro". In: *Sempre a mesma neve e sempre o mesmo tio*, p. 62.

ASSUSTADORAMENTE VIVO: "Se nos calamos tornamo-nos incômodo – se falamos, tornamo-nos ridículos". In: *O rei se inclina e mata*, p. 93.

RELVA FAMINTA: "Pegar uma vez – largar duas". In: *O rei se inclina e mata*, p. 106-107.

VÍTIMAS DO SERVIÇO SECRETO: "Lügen haben kurze Beine – die Wahrheit hat keine" [mentiras têm pernas curtas – a verdade não tem nenhuma]. In: *Hunger und Seide*, p. 113.

RESPIRAR ALIVIADA DUAS VEZES

DEMOROU ATÉ RECEBÊ-LOS: "Cristina e seu simulacro". In: *Sempre a mesma neve e sempre o mesmo tio*, p. 47.

ESCREVER A RESPEITO: "Mas sempre ocultou". In: *Sempre a mesma neve e sempre o mesmo tio*, p. 169.

AS BELEZAS DE MINHA PÁTRIA

COMPREENDEREM A FALTA DE LIBERDADE: "A ilha situa-se dentro – a fronteira situa-se fora". In: *O rei se inclina e mata*, p. 185.

OLHAR ESTRANHO: "O olhar estranho ou a vida é um peido na lanterna". In: *O rei se inclina e mata*, p. 137.

TEMPO PARADO: *O homem é um grande faisão no mundo*. São Paulo: Companhia das Letras, 2013, p. 8.

AGENTE DA SECURITATE: *Reisende auf einem Bein* [Viajante sobre uma perna]. Munique: Hanser, 2010, p. 27.

MEU AMIGO OSKAR

SUSTO SEM CONTEÚDO: "O uso das ruas finas". In: *Sempre a mesma neve e sempre o mesmo tio*, p. 118.

CAMINHO DE VOLTA PARA CASA: *Tudo o que tenho levo comigo*. São Paulo: Companhia das Letras, 2011, p. 199.

AS PESSOAS DO CAMPO: *Tudo o que tenho levo comigo*, p. 260.

GAVETAS E LETRAS

CASA DA TIA: "Schneiderin" [costureira]. In: *Die Nacht ist aus Tinte gemacht* [Anoite é feita de tinta], CD 1, 12.

ROUPAS DE GATO: "Depressões". In: *Depressões*, p. 18.

ESTE LIVRO, COMPOSTO NA FONTE FAIRFIELD,

FOI IMPRESSO EM PAPEL PÓLEN SOFT 80G/M², NA GRÁFICA IMPRENSA DA FÉ,

SÃO PAULO, BRASIL, SETEMBRO DE 2019.